U0016270

祕密天天練

朗達·拜恩

「當你意識到這個偉大法則，
你就會意識到自己有多麼不可思議的力量，
竟然能夠把自己的生命『想』出來。」

朗達‧拜恩

《祕密》

獻給你

《秘密》提供了清楚的原則,讓你知道如何依循宇宙自然法則過生活,但最重要的是,你必須親身去**實踐**。唯有透過真正實踐那個法則,你才能成為自己生命的主人!

當我們走完這一整年的教導,你每天得到的清明、理解與智慧將幫助你實踐那個支配人類的法則,因此,你也許真的會成為你生命的主人。

願喜悅與你同在,

朗達‧拜恩

為了快速改變人生，請運用感恩去轉移你的能量。當你把所有能量都投入感恩時，你會看見奇蹟出現在你的生命之中。

為了讓事情迅速改變，請每天寫下一百件讓你感恩的事，直到你看到變化出現為止。而且，**要感受到那股感恩之情**。你的力量就存在那份你加進感恩話語的**感受**之中。

無論你心裡有什麼樣的感覺，你正吸引來你的明天。

擔憂吸引更多擔憂，焦慮吸引更多焦慮，不快樂引來更多不快樂，不滿足引來更多不滿足。

而⋯⋯

喜悅吸引更多喜悅，快樂吸引更多快樂，平靜吸引更多平靜，感恩引來更多感恩，仁慈引來更多仁慈，愛吸引更多愛。

你的工作是**內在**的。為了改變你的世界，你要做的就是改變自己內在的感覺。這多容易啊！

*你*生命中的每一刻，宇宙都在引導你、跟你溝通。它在回應你的想法，並透過你的感覺給你寶貴的回饋。你的感覺就是宇宙跟你溝通的訊息！美好的感覺代表：「**這個對你好。**」不好的感覺則是要引起你的注意，讓你把焦點從目前正專注的事物上移開。

請調整頻道，仔細覺察每天都在你身旁的宇宙溝通訊息。你從來不是獨自一人，連一秒鐘都不是。你踏出每一步時，宇宙都在身旁引導你，但是，你必須仔細聆聽！

在每一件事物之中尋找禮物，特別是當你面對看似負面的狀況時。我們吸引到的一切都使我們成長，這意味著，萬事萬物最終都是為了我們好。

調整到新的路、新的方向，會需要新的特質和長處，而這些特質經常正好是我們為了完成未來生命中的偉大事物，所須取得、養成的。

無論你在哪裡、無論事情看似多困難，你總是會被推往莊嚴、宏偉。總是如此。

「快樂取決於我們自己。」

亞里斯多德（西元前384-322）

第 7 天

有 三個字，說出來時，就有最深不可測的力量可以完全改變你的人生。這三個字從你口中迸出時，將爲你帶來絕對的喜悅與快樂；這三個字會在你的生命中創造奇蹟、摧毀負面事物，並在所有事情上爲你帶來富足；這三個字，當它們被說出來，且眞誠地被感受到時，將會召喚宇宙中所有的力量，把萬事萬物往你的方向調動。

你、快樂，以及你夢想中的人生之間，只站著三個字……

謝謝你。

*我*們會吸引來自己心裡所想的一切。我們吸引和經歷到的所有人、事、物,都是根據心裡的念頭而來。你還能要求比這個更棒的系統嗎?

你的人生是你內在所思所想的反映,而你內在所想的,總是在你的掌控之中。

是個獨一無二且偉大的人。在地球的幾十億人口當中，沒有另一個你，而且你的存在對我們這個宇宙的運行很重要，因為你是整個宇宙的一部分。你看見的所有事物，以及一切的一切，沒有你就無法存在！

這裡有個簡單卻充滿力量的方法，你可以每天做，讓自己跟宇宙及吸引力法則進入正向和諧的狀態。

　　舒服地坐下來。注意你的感覺如何，並放鬆整個身體。當你已經放鬆身體時，就再放鬆一點，然後再多一點、再多一點！重複這個較深層的放鬆七次，每一次都盡可能地放鬆。做完之後，留意一下你現在的感覺，然後跟一開始的感覺相比，看看有何差異。

　　現在，你跟宇宙及吸引力法則更和諧一致了。

堅持、堅持、再堅持,你會到達一種境界 ——《祕密》的原則變成你的第二天性。你會變得非常能覺察別人說的話,特別是當他們談論他們不想要的事物時。你會變得非常能覺察**你**所說的話。

到達這種境界,就是你變得愈來愈覺察的徵兆!你變得更有意識去覺察了!

$\mathcal{A}$們每個人在生命中的每一刻都在吸引。所以,當你因為你並未擁有自己想要的事物,而覺得吸引力法則對你沒用時,請了解到,法則**正在**回應你。你不是正在吸引你想要的事物,就是正在引來「缺乏你想要的事物」的狀態。

吸引力法則依然在運作。

「我們這個世代最偉大的變革，
就是發現人類透過改變內在的心態，
可以改變他們生命的外在面向。」

威廉・詹姆斯（1842-1910）

*開*始提出關於生命的問題時，就是你有重大突破的徵
兆。

生命的真理就在這裡供每個人取用，一直以來都是
如此，但只有問問題的人才能接收到答案，並發現真
理。當我們提出問題，且強烈希望知道答案時，就會
吸引到以我們所能理解的形式出現的答案。

為了接收生命中的答案，你一定要開始問問題。

要與吸引力法則完全和諧一致，愛是我們擁有的最高力量。感受到的愛愈多，我們的力量就愈大；感受到的愛愈無私，我們的力量愈深不可測。

吸引力法則一直被稱為愛的法則，因為法則本身就是送給人類的一份愛的禮物。藉由這個法則，我們可以為自己創造不可思議的人生。

感受到的愛愈多，我們愈有力量去創造一個充滿愛、喜悅與和諧的壯麗人生。

*跟*宇宙和諧一致的感覺如何？

那就和漂浮在水面上的感覺一樣。如果很緊張，或是抗拒水，你就會沉下去；假如臣服於水，水會支撐你，那麼你就會浮著。就是這種感覺，而這就是你讓自己跟宇宙和諧一致的方式。

釋放緊張，自在漂浮吧！

根據吸引力法則，消滅疾病的方式不是與之對抗。如果決定對抗疾病，你的焦點會放在對抗疾病上，而我們會吸引來自己正專注其上的事物。讓你選擇的醫生做他們的工作，然後將你的心智集中在健康上。

想著跟健康有關的念頭，說出跟健康有關的話語，並想像自己完全健康的樣子。

要改變財務狀況，你可以做一件很棒的事：拿出你所得的十分之一，把它捐出去。這就是所謂的十一奉獻靈性法則。如果想要為自己的人生帶來更多金錢，這是你能採取的最偉大的行動。

你有沒有發現，最高檔的車往往被車主保持得非常乾淨且整齊，而那些舊車裡面通常很髒、很亂？

差別就在「感恩」。

感恩你擁有的一切，會帶來你想要的事物。

這就是那些人為自己吸引到好車的方法。

「絕對不要試圖逼別人改變，讓他們因自己想要改變，而自然、按部就班地轉變——當他們發現你的改變是值得的，就會想要改變。

「激發他人產生想要變得更好的渴望，是真正的高尚之事，但要做到這一點，你只能讓他們自己來，並且要讓自己變得更高尚。」

克利斯汀·D·拉爾森 (1874-1962)

《掌握自我》

每一件看似負面的事物中，都藏著美好。如果知道美好到處都在，連負面情況中也有，我們就會看見負面情況轉化為美好的一切。大多數人都讓美好的事物遠離自己，因為他們為某件事貼上「不好」的標籤，然後，這當然就成為他們的實相。但是，宇宙中沒有什麼是「不好」的，只是我們無法從一個更大的觀點來看清楚事物。

平靜來自知道存在的一切都是美好的。

你和吸引力法則是夥伴，而且透過你們兩個的這段夥伴關係，你正在創造自己的人生。每個人和吸引力法則之間都有自己的夥伴關係。你是為自己使用這個法則，其他人則是為他們自己運用。你不能把吸引力法則用在別人身上，**違反對方的自由意志**。想到這一點，你要因為法則是如此運作而感謝老天，不然，任何人都可能在你的生命中創造出你不想要的事物。

你是透過自己的想法和感覺來創造，而除了你之外，沒有人可以想你的想法或感覺你的感受。

如果你有朋友正經歷任何一種難關,請藉由確定自己一直**保持喜悅**來幫助他們,你的美好感受有助於提振對方的精神。你也可以透過引導他們的對話來提供幫助,如此一來,他們就會談論自己想要的一切。當他們開始提起不想要的事物時,只要溫柔地引導他們回來談論自己想要些什麼。此外,你還可以像是他們已經通過難關一樣跟他們說話,並建議對方想像一切都過去了、都完美地解決了。

在和他們說話時,要當引導者,並幫助他們和宇宙保持同調。

*你*可以將自己的人生路從黑暗變爲光明，或是從負面變爲正面。你專注於正面事物的每一刻，都是在爲自己的生命帶來更多光，而且你知道那光芒會消除所有的黑暗。感恩、愛，以及善意的想法、言語和行動帶來光，驅除了黑暗。

讓你的生命充滿正面性的光吧！

當你正要開始刻意控制你的頻率時（透過想法和感覺），你也許會發現有一些起伏，而且你從一個頻率跳到另一個頻率。這個階段很短，你馬上就會開始維持在一個比較高的頻率上，接著是另一個更高的頻率，一直往上提升。

學會走路需要一些練習，不是嗎？但有了決心，你就可以做到。這兩者沒什麼差別。

「以為擁有更多財物——無論是些什麼——**那些財物本身**就會帶來滿足或快樂，其實是種誤解。沒有任何人、地方或事物可以給你快樂。它們也許可以給你快樂的原因和滿足的感覺，但**生活的喜悅**是從內在產生的。」

吉納維夫・百漢德（1881-1960）

《你的無形力量》

為了創造你的明天，今晚睡覺前，在床上把這一整天想過一遍，感受你對那些美好時刻的感激之情。如果希望某件事可以有所不同，就在腦海裡重新播放你希望它呈現的樣子。入睡之前，對自己說：「我會睡得很熟，醒來後會充滿能量。明天將是我生命中最美好的一天。」

晚安！

提 到愛情關係時，人們往往認為自己想要某個特定的人，但如果你深入思考，他們想要的其實不一定是那個人。他們真正想要的，是幸福快樂地和那個**完美的人**在一起。然而，他們仍舊試圖告訴宇宙那個人是**誰**。如果宇宙現在沒有送來，那麼，它傳遞的訊息一清二楚：「我剛剛檢查了未來的二十年，你值得擁有的幸福和快樂不會發生在這段關係裡。」

我們為什麼會認為自己知道的比那個能看見一切的人還多呢？

地球和人類需要你。他們需要你，這就是你出現在這裡的原因。

你有能力命令任何事物。這裡有一句你可以用來命令
負面念頭遠離你的話：

「走開！你不是我的一部分。我是靈，我只懷有靈的
美好和完美想法。」

沒有比這更真實的話了。

從出生的那一刻起，你就有了一個一輩子都不會離開你的宇宙夥伴。這個宇宙夥伴有不可思議的門路及無限多種方法，可以做到你想要的任何事。時間不是阻礙，尺寸不是問題，而空間對你的宇宙夥伴來說並不存在。沒有任何事是你的夥伴無法為你達成的。

而你要做的，就是遵循宇宙法則。要求，然後真的相信在你提出要求那一刻，你渴望的事物已經是你的了。

想像一下——整個宇宙為你揮棒打擊！

*你*知道如果你的生命沒有變化，你就不會存在嗎？我們的宇宙及存在其中的一切持續在改變，因為宇宙是由能量組成的，而能量只有在活動和變化時才能存在。如果能量停止活動，我們的整個宇宙和所有生命都會消失。

我們的生命也是能量，因此它們一定也是一直在活動，且持續改變。你無法停止你生命中的活動和變化，也不會想要這樣做。能量的變化本質給了我們生命，它讓生命成長、讓我們成長。

想著美好的念頭。

說出美好的話語。

採取美好的行動。

這三個步驟帶給你的，遠超過你的想像。

「念頭顯化為話語，話語顯化為行動，行動發展成習氣，而習氣不斷強化之後，就成了性格。所以，要仔細留意你的念頭及其呈現方式，讓它從愛而出、從對眾生的關照而出。」

佛陀 （約西元前563-483）

吸引力法則是中性的，它運作的方式就像影印機。法則複印你每一刻的想法和感覺，然後將一模一樣的影本送回來給你 —— 此影本就成了你的人生。這使得改變你的整個世界變得很容易。

為了改變外在世界，你要做的就是改變你的想法和感覺，然後吸引力法則就會複印那個改變。

為了改變人生，在某個時間點，我們必須決定：與其再遭受任何痛苦，我們要活在快樂之中。而要做到這一點，唯一的方法就是決定無論如何都要尋找讓自己感謝的事物。

當我們開始專注在美好的事物和事情的光明面上，吸引力法則的回應就是將我們新想法的影本傳送回來。於是，美好的事物開始出現，接著是更多美好的事物，然後又是更多……

*我*們都可以自由選擇自己想要的任何事物。此刻,力量就在你手中,而且你是那個選擇要如何將那股力量運用在自己生命中的人。你可以選擇:

今天就擁有一個更快樂的人生,或者等到明天。

哪一個感覺比較棒?你自己選。

感謝生命中的一切很重要。許多人把焦點放在他們想要的那一件事物上,卻忘了感謝他們擁有的一切。沒有感恩,你無法透過吸引力法則得到任何東西或實現任何事,因為如果你沒有從你內在散發出感恩,那麼預設的情況就是,你正在散發忘恩負義的頻率。請主動運用你自身存在本質的頻率,去接收你想要的事物。

*願*景板這個工具可以幫助你在心裡創造出你想要的事物的圖像。看著願景板時,你正在把自己渴望的事物的畫面烙印在腦海中。當你把注意力放在願景板上,它刺激了你的感官,在你的內在引發正面感受。於是,你就有了兩種創造元素 —— 你的心智和你的感覺——正全力運作。

愛 因斯坦告訴我們，時間只是一種幻覺。當你了解並接受沒有「時間」這種東西，你就會明白你未來想要的一切都已經存在了。這就是為什麼當你寫下、想像或說出你的渴望時，應該使用現在式。請在你的頭腦、內心和身體之中散發你的渴望，並且像**現在**它就出現在這裡一樣看見它。

「在這世界上，

沒有人比幫助他人減輕重擔的人更受珍惜。」

無名氏

你這輩子一直都在使用《祕密》——沒有一刻不是。無論你帶來的事物是你想要或不想要的,你都在使用它。每一天裡的每個人、每件事、每個狀況,都透過吸引力法則來到你面前。

*觀*想的關鍵在於,讓你腦海中的畫面活動,而你自己在那個畫面中也要是動的。如果你讓畫面像電影一樣是動的,你很快就會精通觀想;假如畫面是靜止的,要在腦海中維持那個畫面就會難很多。

讓你的觀想過程忙於許多動作,那麼,你的心智就會變得非常投入,以致沒有辦法去想其他的事。

當你開始刻意去創造時，最好一次專注在一件事情上。透過練習，你會擁有很大的力量去駕馭你的能量，然後，你就可以同時聚焦在許多事情上。

把你的心智想像成一支放大鏡，太陽透過它照射——當你讓放大鏡穩定地維持在同一個地方，就會生出火來。而放大鏡之於太陽，和你的心智之於宇宙，兩者之間沒有什麼不同。

如果你正要開始運用《祕密》裡的原則，我建議你先把焦點放在努力提升你自身存在本質的頻率。要求你想要的事物，然後在你的內在下工夫，致力於透過自己的想法和感覺，提升你自身存在本質的頻率。

把你的頻率調整到跟宇宙和諧一致，而宇宙的頻率就是純善的頻率！

如果想要吸引更多金錢，就列出你要用那些錢買的東西。讓自己周圍都是你想要事物的圖片，且一直感覺到自己現在就擁有那些事物了。想像和你所愛的人分享那些東西，並想像他們的快樂。

此刻，你正在創造！

*沒*有憎恨的力量。憎恨不過是缺少愛，就像黑暗是缺少光，貧窮是沒有富足，疾病是缺少健康，而難過是缺少喜悅。所有的負面事物不過是**缺少**某件正面事物而已。

知道這一點真的非常、非常好。

「生命的目標是自我發展。完美地實現自己的本質——
　　這就是我們每個人出現在這裡的原因。」

奧斯卡・王爾德（1854-1900）

《格雷的畫像》

花點時間想想大自然每天給你、讓你得以生存的一切。然而，大自然從未要求任何事物作為回報。

這就是真正的給予。

無疑地，當你為了所有人好而使用吸引力法則時，你就讓自己與偉大的力量連結了。然而，這個法則對你個人也適用，這樣你就可以將自己的生命發揮到極致。當你盡情活出自己的生命時，你就有了更多東西可以給人。

你的痛苦與不幸對這個世界沒有幫助，但你的喜悅，以及你那活得淋漓盡致的生命，可以提升這個世界。

如果你一直在觀想，卻沒有任何事情發生，這表示你正以某種自己沒有意識到的強大方式取消你的意念。你正在想些什麼？你正說出什麼樣的話語？你正採取什麼行動？如果不確定，就請求吸引力法則讓你知道你正在哪個地方取消自己的意念，然後你就會清楚地知道。

*想*要吸引別人感謝你所做的事，就在生活中感謝和讚美他人。

如果挑別人的毛病，只會讓別人也在你身上挑毛病；如果去評斷他人，只會爲自己帶來批判；如果感謝他人，你就會爲自己帶來感謝。在你可以於外在世界吸引到某項特質之前，你必須讓它在你的內在成爲主導特質。

整個世界和你一天當中的每個細節,都在讓你知道你內在的頻率。你頻率的證據每一刻都透過你經歷的人、狀況和事件跟你對話。

人生就像鏡子,會將你內心抱持的想法反映給你。

*任*何對他人抱持負面想法的人，負面想法會加倍回到他們身上。有多少人對某人抱持負面想法並不重要，如果那個人處於喜悅中，那些想法絕不會影響到他，因為他在一個不同的頻率上；反之，所有的負面想法會加倍回到那些正想著這種念頭的人身上。

沒有人可以透過其想法將負面事物帶進我們的生命中，除非我們允許自己的頻率降到跟他們的負面頻率一樣低。

「我們一直在送出強度或大或小的念頭，且會得到這些念頭的結果。我們的思想波不只影響我們自己和其他人，它們還有一股拉力 —— 會把符合我們心中最主要念頭特質的他人想法、事物、狀況、人和『運氣』吸引到我們身邊。」

威廉‧沃克‧阿特金森（1862-1932）

《思維振動》

為了體驗深刻的感恩，坐下來用寫的列出你感謝的事物，持續寫到你眼中充滿淚水。眼淚出現時，你會在心的周圍及體內各處體驗到那股最美好的感受。這就是真正感恩的感覺。一旦體驗到這樣的感受，你就會知道如何重新創造出來。

這股感恩的強烈感受是你想在一天當中盡可能重現多次的感覺。在非常短的時間之內 —— 實際上是即刻——你就可以隨時將那種感覺帶進體內。

練習可以讓你到達那樣的境界。

要求、相信、接收，光是這三個簡單的步驟就能創造你想要的事物。第二步驟——**相信**——往往是最難的，但它會是你踏出的最偉大一步。「相信」之中沒有懷疑，「相信」意指不會動搖，「相信」是絕對的信任，「相信」是無論外在發生什麼事，依舊堅定不移。

當你掌握了「相信」，你就掌握了自己的人生。

你知道嗎？當你試著想出要「如何」實現渴望時，你其實是在把你渴望的事物推開。當你努力想要弄清楚該「如何」讓自己的渴望成真時，你正在傳送一個很大的訊息給宇宙：你並未擁有你渴望的事物。如果你沒有從內在散發出你已擁有自己渴望的事物這樣的頻率，宇宙怎麼可能找到你的訊號，把你渴望的一切傳送給你？

你 是宇宙的傳送中心，每一秒都在傳送一個頻率給宇宙，也每一秒都在接收回傳的結果。為了創造你想要的事物，你必須不間斷地傳送自己的渴望，做法就是：心裡知道你的願望已經顯化成真了。

但如果你開始想著自己渴望的事物不在這裡、如果你開始懷疑，你就中斷了傳送的過程。宇宙已經失去你之前的訊號，反而接收到新的，也就是你並未擁有你渴望的事物。宇宙切實回應你的新訊號，然後你就會接收到你傳送出去的訊息：我渴望的事物不在這裡！

你要做的就是把自己調回「你想要的事物」這個頻率上，然後，宇宙就可以把你想要的一切傳送給你。

宇宙有無限多種方式可以實現你的夢想,而且我向你保證,當你在自己之內發送出你的夢想,它會以一種你絕對想像不到的方式出現在外部世界。

你只管發出訊號,剩下的就交給宇宙。

*我*如何運用《祕密》讓自己不再需要戴老花眼鏡？

我提出要求，接著觀想自己在每個狀況中都沒有戴老花眼鏡的樣子。結果，我的視力三天之內就變清晰了。我並未注意到這件事花了三天時間，因為我**知道**，在我要求時它就已經實現了。如果我察覺花了三天，就會一直注意到這件事還沒有實現。我完全相信且**知道**它成真了，我有絕對的信心。我可以輕鬆地說，我花了三天時間了解到我的眼睛可以看清楚了，或是我花了三天時間適應我那視力變清晰的雙眼。這是真的，因為我在提出要求的那一刻就知道，我已經收到清晰的視力了，而且絲毫沒有任何懷疑。由於那種知曉的狀態，我的視力三天內就變清晰了。

「如果我們活出美好的生命，時代也會是美好的。我們是怎樣，這個時代就會是怎樣。」

希波的聖奧古斯丁（354-430）

*除*非對自己擁有的一切抱著感恩之情，否則我們不可能為自己帶來任何事物。事實上，如果某人徹底感謝一切事物，他絕對不須要求任何東西，因為早在他開口要求之前，他就已經得到想要的一切了。

這就是**感恩**的力量。

你要做的就是要求、相信，然後讓自己處在接收美好事物的頻率上。你其實不須做其他任何事，宇宙會調動一切，包括調動你。

當你提出要求且相信時，你正讓出一條路，如此一來，宇宙就可以做它的工作了。

一點也不必擔心負面的想法，不要試圖控制它們，你要做的是開始每天想著美好的念頭。盡可能每天種下許多好的想法，當你開始想著好念頭時，就會吸引來更多、更多，最後，所有美好的想法會一起消除負面想法。

為了讓宇宙將你推往更快樂、更美好的事物，你得環顧四周，感謝此時此地美好的一切。請尋找美好的事物，並數算你的恩典。不滿足感無法為你的人生帶來更快樂、更美好的事物，這種感覺只會讓你卡在現狀裡動彈不得，而對你擁有的一切表示感謝，則會將更快樂、更美好的事物吸引到你身邊。

記住，你就是個磁鐵！而感謝，會吸引來更多值得感謝的事物！

當有一個能量上的大轉變影響到我們的人生時，我們通常會把它貼上「不好」的標籤，並且因為抗拒那個改變，而讓自己悲傷、痛苦、受罪。然而，你永遠有選擇。

在宇宙中，絕對不會只有一條路，而且無論發生了什麼，你永遠不會被困到沒有出路。無論何時、無論碰到什麼狀況，你都有兩條路，一條是正面的，一條是負面的，而**你**，是那個選擇要走哪一條路的人。

當你要求快樂和一個美好的人生時，不要只爲了自己，要爲每一個人求；當你要求某件更好的事物時，不要只爲了自己，要爲每一個人求。透過各種方式爲自己要求富足與健康，但也要請求將其給予每一個人。

如果六十億人都爲你要求這些，你能想像會發生什麼事嗎？

「心淨則佛土淨。」

佛陀 （約西元前563-483）

為了解你可能正想著某些念頭卻不自知，現在停下來、閉上眼睛，且十秒之內不要想任何事。

即使你決定不讓任何念頭出現，它們還是冒出來的話，你就了解種種想法會在你不知道的情況下出現。如果你的心智不聽從你、無法停止十秒，你能想像一天當中產生的念頭有多少嗎？

你可以改變這件事，並掌握你的心智，而你要做的，就是練習十秒內不要有任何念頭。在很短的時間裡，你就能夠停止所有的念頭十秒、十五秒、三十秒，以此類推，直到你是那個決定是否要思考的人為止。當你成為你心智的主人，隨之而來的平靜難以形容，然後，你也將成為吸引力法則的大師。想像一下！

$如$果你的振動中有「需要錢」存在，就會一直吸引來需要錢的狀態。你必須找到一個在沒有錢的情況下**現在**就快樂、**現在**就感覺美好、**現在**就處於喜悅之中的方法，因為那些美好感受正是你在**有錢**時的感覺。

金錢不會帶來快樂——快樂卻能帶來金錢。

如果到目前為止你已經有一個完美的生活，每件事都很順利，也許你就不會有強烈的決心和渴望去改變自己的人生。是所有發生在我們身上那些看似「負面」的事物，給了我們一股巨大的渴望去改變事情。那股在你之內產生的巨大渴望，就像一股磁火，且非常強大。

對引發那股磁火的一切抱持感恩之情，以點燃你內在巨大的渴望，因為那股渴望之火會給你力量及決心，**然後你將改變自己的人生。**

你 說的任何話都有個頻率，而且你一說出來，它們就被釋放到宇宙中。吸引力法則會回應所有頻率，所以它也會回應你說的話。當你使用非常強烈的字眼，例如「可怕的」「令人震驚的」和「恐怖的」去描述你人生中的任何情況時，你正送出一個同等強大的頻率，而吸引力法則一定會把那個頻率帶回來給你，作為回應。

吸引力法則是中性的，它只是去對應你的頻率。這樣你明白強而有力地說出你**想要**的事物，以及不要使用強烈的字眼討論你不想要的一切，有多重要了嗎？

*進*入一種你現在就擁有想要的事物的感覺中,並持續如此感受。這會是世界上最美妙的感覺。當你練習這種感覺時,它會愈變愈強,然後你將開始感受到你已經擁有自己想要的一切。當你這麼做時,吸引力法則一定會回應。

要記住,吸引力法則在它負責的任何事情上從來不會失誤,你這個「案子」也是。

*你*還記得小時候扮家家酒時，你想像出來的一切對你來說多有說服力嗎？當你想要任何事物時，這是你一定要做的事。祕密地在心裡假裝你已經有了自己想要的事物，比方說，如果想要朋友，就假裝你現在有很棒的朋友。

透過想像並感覺到你現在就有很棒的朋友，**多於**注意到你沒有，你就讓天平往一端傾斜了，然後，你就會擁有很棒的朋友。

這個簡單的公式適用於一切事物。

對於掌握吸引力法則，你的進展是根據學習並實踐對你來說最有效的方式而定。

每一天，你可以透過發生在你生活中的事，知道你一直在想些什麼。你的整個世界就像一部電影，讓你知道你過得如何。你不是處於黑暗中——你正獲得回饋。要從回饋中學習，觀察那些容易出現在你面前的事物，並想想你是做了什麼才讓事物這麼容易出現。

認識自己，那麼你就會成為吸引力法則的大師。

*我*們的自然存在狀態是喜悅，想著負面念頭、說著負面話語及感覺悲慘，要耗費許多能量，輕鬆的路是美好的想法、美好的言語、美好的行為。

請選擇輕鬆的路。

幾千年來的古老智慧告訴我們感恩的眞理。每個宗教都提到要感恩,世上所有的聖人和救世主都在他們的教導中展現該如何運用感恩,而歷來最偉大的人物也指引我們感恩的道路,且透過以身作則,在我們的歷史中成爲閃耀之光。

這就是爲什麼愛因斯坦每天都要說上幾百次:「謝謝你!」

吸引力法則就像一部巨大的影印機，如實地回應你所想、所感受的一切。如果來到你面前的事物是你不想要的，那肯定是你大部分時間都沒有覺察到自己正在想些什麼或感覺些什麼。要**覺察**自己的感受，這樣當你感覺不好時，就可以停下來，改變自己的感覺。那麼，該如何做到這一點？就是要想著讓你感覺美好的念頭。

記住，你無法在想著美好念頭的同時感覺很糟，因為你的感覺是你思想的結果。

*使*用肯定句是否有效，完全取決於你說出來時有多相信。如果沒有信心，肯定句不過是沒有力量的言語。信心會爲你的言語增添力量。

當你相信你所說的一切，你就把它創造出來了，無論那是什麼。

「在你使用的每個字眼中，都有個力量的胚芽，按你話語指示的方向擴張、伸展，最終發展爲實際的存在。例如你想要喜悅的意識，就祕密地持續反覆強調『喜悅』這個詞。『喜悅』這個詞的重複設定了一個振動的品質，讓喜悅的胚芽開始擴張、伸展，直到你的整個存在都充滿喜悅。這不是單純的幻想，是眞理。」

吉納維夫・百漢德 (1881-1960)

《你的無形力量》

在 一天的任何時候，只要你記得，都要說：「**我就是喜悅。**」如果你喜歡，一天可以說幾百次。要常常說，但要說得非常、非常慢，每一個字都要強調。**我－就－是－喜－悅。** 當你慢慢說出來時，去感覺這些字的意義，並盡可能體驗你內在喜悅的感覺。每天都建立在那種感覺之上，你就會愈來愈熟練。

多去感覺你內在那份喜悅，少對外在狀況有所反應，你就會改變外在的狀況。

喜悅吸引喜悅。

*把*你認識的每個人有哪些很棒的事都寫下來,也列一張很長的清單,寫下你有哪些很好的地方;無論走到哪裡,都讚美他人、讚美你看到的每件事物;成為你遇見的每個人的陽光,且讓他們的一整天因為看見你而變得更美好;每一次都說「謝謝你」,在走路、說話、思考及呼吸時,都感謝、感恩。

當你這麼做時,你的外在人生會有所改變,以反映你的內在狀態。

吸引力法則是不會出錯的，每個人都會得到自己要求的一切，即使大部分時間他們並未覺察到自己正在要求不想要的事物。法則之中有如此絕對的美，每一刻都在回應、都在給予，好讓我們經歷自己的人生。

吸引力法則從不會改變，我們必須學會與之和諧一致。對每個人來說，這是最偉大的任務。

你 可以把你的人生轉變成天堂，但唯一可以做到這一點的方法，就是讓你的內在成為天堂。沒有其他方式。

你就是因，而你的人生是果。

當你跟某人一起把注意力放在他遇到的問題時，你不是在幫助他或你，因為你們兩個都在為那個問題增加能量、都在吸引來更多「類似」的問題。

知道了這一點，對你和另一個人來說，專注在你們兩個都想要的事物上就非常重要了。那個碰到問題的人應該被鼓勵去說出他想要的是什麼，而非談論那個他不想要的問題。問題一開始會出現，是因為那個人想著或談論他不想要的事物，所以，連鎖效應一定要停止。想要幫助你親近的人，就要鼓勵他們談論自己想要的事物，那永遠都是解決方法。

負面想法不是你，你真正的本質都是美好的。所以，如果突然出現一個負面念頭，就對自己說：「這些想法不是我的，它們也不屬於我。我一切都很好，而且我對自己和每個人都只有好的念頭。」

此刻，你正在說真話！

這裡有個停止負面念頭的方法：把注意力放在你的心。深吸一口氣，讓你的焦點放在你的心上，確實專注地去感受你心中的愛；吐氣時，持續將焦點放在心上，感受你心中的愛。重複這個過程七次。

當你正確地做到這一點，你會在你的心智和整個身體中感受到非常大的不同。你會覺得更平靜、更輕鬆，而且早已停止了那些負面的念頭。

「除了自己的思想，
沒有什麼完全在我們的掌控之中。」

笛卡兒 (1596-1650)

重要的是記住：與吸引力法則共同創造的是你的想法及感覺，你無法將它們分開。也要記得，是你的感覺總結了你所有的頻率，告訴你此刻你正在創造什麼。

所以，你現在的感覺如何？你可以感覺好一點嗎？那麼，現在就去做任何會讓你感覺好一點的事吧。

每次開車旅行前,都刻意想著交通會很順暢、你會很放鬆且愉快,以及你會在最適當的時間抵達,藉此運用宇宙的力量。

開車愉快!

在 生活中體現公平交易原則，就是在實踐吸引力法則。

要確定你在事業和個人生活中一直進行公平交易。在事業上，要付出比你收到的金錢更多的價值；在個人生活中，收到什麼，就回饋些什麼。如果你在需要的時候接收過他人的支持，那麼某人要求你的支援時，一定要回饋你接收過的支持。所有的支持都是透過宇宙來到你面前，所以，當你回饋支持時，你正在回饋給宇宙。

這是根據公平交易原則生活，而這就是在實踐吸引力法則。

*你*的人生掌握在你手中，但你一定要學會控制自己的思想。你所有因恐懼、失敗和懷疑引起的問題，都是因為你的**心智**正在支配你。你的心智接管了你，而你成了你那些不受控制的負面想法的奴隸和受害者。就是這麼簡單。控制你的心智和思想，每一天、一點一點地觀察你的想法。

一個負面念頭出現，就消滅它，並且要想一些美好的事物，以免負面念頭在你心裡生根。要想著更多、更多、更多美好的念頭，然後很快地，它們就會自動出現了。

為了讓心智平靜，每天坐下來閉上眼睛，觀察自己的思想。不要抗拒那些想法，只是看著它們進入你的心智中。當你注視著每一個念頭，它們就會消失。每天都這樣練習，你會做得愈來愈好。你會發現自己的心智五秒鐘都沒有任何念頭，再來是十秒，接著是二十秒。

當你可以命令自己的心智平靜下來，讓它遵從你的指令時，想像一下，你將擁有什麼樣的力量，可以創造你想要的一切。

永遠要記得,你的感覺正在**為你**監控你的想法。你的感覺在告訴你,你正想著對你好,或是對你不好的念頭。如果你可以愈來愈意識到自己的感覺,那麼,你就愈來愈能覺察到自己正在想些什麼。你的感覺不停地傳送訊息給你。

請聆聽自己的本質!

「每一件事在心智中都有其源頭，你向外尋找的事物，
其實你早已擁有。沒有人可以想著一個未來的念頭，你
對一件事的想法，形成了它的源頭。」

吉納維夫‧百漢德（1881-1960）

《你的無形力量》

在 你做的任何事情中，你都不是獨自一人，除非你認為自己是孤獨的，而這對任何人來說都是可怕的想法。當你知道宇宙的力量會回應你的每一個念頭，準備好要幫助你完成任何事，你的恐懼就會消失。

你有一個可以汲取各處所有能量的最佳盟友，沒有什麼可以阻擋它的路，而你必須為你的宇宙夥伴做的，就是相信。

我們的自然狀態是喜悅，而且你是知道的，因為當你處在相反的狀態中，你會感覺不好。所以，如果喜悅是你真正的樣子，你能明白對你來說，產生負面感受要比自然充滿喜悅耗費更多能量嗎？

*另*一個輕鬆運用吸引力法則得到益處的方法是：

每晚睡覺前，在腦海裡重播當天的美好時刻，衷心感謝發生的每一件好事。然後，也想一想隔天，有意識地告訴自己：「明天會很棒、會充滿愛與喜悅，而且各種好事都會到來。」刻意想著那會是你生命中最美好的一天。隔天早上醒來後、下床**之前**，再次宣告你對這一天的種種意念，然後深深地表達感謝，彷彿那些意念已經實現了。

「如果」這個詞帶有強大的懷疑頻率。當你正想著或談論著你想要的事物時,把「如果」從你的字彙裡拿掉。使用「如果」這個詞時,你知不知道你其實並不相信你想要的一切是你的?

當你藉由「如果」這個詞釋放出懷疑時,吸引力法則就無法提供你想要的一切。在想著或談論你想要的事物時,只能用「當」這個字——「當這件事發生時」「當我做這件事時」「當我在那裡時」「當這個到來時」「當我擁有那個時」。**當、當、當!**

無論你是否知道，今天你正從宇宙的型錄為你的明天下訂單。你今天的主導想法和感覺正在創造一個頻率，這個頻率會自動決定你明天的人生。

現在就感覺美好，今天剩下的時間也是，並讓你的明天變得燦爛。

*你*必須現在就快樂起來，才能透過吸引力法則將快樂帶入你的生命中。這個公式很簡單：快樂吸引快樂。然而，人們卻有很多「為什麼我無法快樂」的藉口，例如因為有負債、因為健康不佳、因為人際關係或感情出問題……用一堆藉口說明為何自己無法運用這個簡單的公式。可是，這個公式是宇宙的定律。

無論藉口是什麼，除非你不管怎樣都快樂起來，否則你無法吸引到快樂。吸引力法則正在對你說：「現在就感覺快樂，只要你持續這麼做，我就會給你無限的快樂。」

「人是我們稱之為『宇宙』的這個整體的一部分，被限制在時間和空間裡的一部分。他感受到他自己、他的思想和感覺彷彿跟（宇宙的）其餘部分是分離的，這是一種意識的視覺錯覺，而這個錯覺對我們來說就是一種囚牢，把我們局限於個人欲望，以及對最親近的幾個人的感情裡。我們的任務是要擴大憐憫的範圍，去擁抱所有的生命和整個美妙的自然界，藉此將自己從這個囚牢中解放出來。沒有任何人可以徹底做到這一點，但為此付出的努力，本身就是解脫的一部分，也是內在安全感的基礎。」

愛因斯坦（1879-1955）

在一九〇〇年代，埃米爾·庫埃（法國心理學家和藥劑師）就是運用正面想法輔助治療的研究先鋒。他成功的治療方法中，有一部分就是由他的病人每天有意識地進行自我暗示：「每一天、透過各種方式，我會愈來愈好。」這不只是一種強大的健康宣言，如同你可以從字面上了解到，它對我們人生的各個領域都是一種強力宣言。

運用這個肯定句時，請以非常慢的速度來說，而且對每個字的意義都要抱持完全的信心。我們放進言語中的力量，會使它們變得強大。

*想*像你正在寫一封電子郵件給宇宙，說明你想要些什麼。你很高興地認為你的信寫得非常清楚了，於是按下「傳送」鍵，並且知道你的請求已經進入太空。你也知道宇宙的伺服器是一個自動系統，它不會質疑電子郵件上的請求，它的工作只是滿足每個要求。

如果你因為還沒得到你想要的事物，而開始擔心、緊張，那麼你只是又寄出一封電子郵件給宇宙，取消了你的訂單。然後，你卻懷疑為什麼還沒收到你要求的東西。

一旦**要求**了，你就要知道宇宙的伺服器是一個從不失誤的自動系統，然後就期待收到你要求的一切吧！

這 裡有一件你可以做的事，這是吸引力法則一種非常
強大的使用方式：花三十天練習大量給予。

連續三十天，每一天都去付出、給予。碰見每一個
人，包括陌生人、朋友及家人，都給出喜悅、微笑、
溫暖的言語、愛、感謝及讚美。要打從心底說，在一
天中的每一刻都給出最好的自己，並透過善意的想法
和言語讓每個人的一天過得更美好，把這件事當作自
己的使命。

當你給出最好的自己，你會對美好的事物如此快就回
到你身上感到吃驚。

一旦知道吸引力法則，你就可以透過聆聽你正在說的話，來對自己進行最大程度的探索。

當你陳述某件事，彷彿那是個絕對的事實時，要了解，那是你真正相信的事，而那份相信正在你的生命中把它創造出來。當你聽見自己說的話，意識到你正在說某件你不想要的事物時，要馬上轉換、改變措辭，談論你想要的事物。在聆聽自己說的話時，你會學到很多跟過去的經驗和你曾經創造的事物有關的事。當你發現說錯話、然後去改變措辭時，你就是在改變自己整個未來的歷程！

失望的負面感覺讓你渴望的事物遠離你。為了將失望轉變成一種正面感受，請開始這樣想、這樣說：「當我渴望的事物到來時，我就要……」刪節號的部分請自行填空。

這是讓自己轉而相信的好方法，而相信是你想要到達的境界。

我對自己承諾……

要非常堅強，這樣就沒任何事物能擾亂我內心的寧靜。

要和我遇見的每個人談論健康、快樂及富足。

要讓所有的朋友感受到自己的內在價值。

要看著每件事情的光明面，讓我的樂觀主義化爲現實。

要只想著最好的，只爲了最好的努力，只期待最好的。

要對他人的成功熱情以待，就像對待自己的成功一樣。

要忘掉過去的錯誤，繼續追求未來更偉大的成就。

要常展現開心的表情，並對遇見的每個生命報以微笑。

要盡量把時間花在自我改進，讓自己沒時間批評他人。
要讓自己能力大到不必擔憂、高尚到不會生氣、堅強到
　　　沒有恐懼，並且快樂到沒有麻煩的立足之地。
要肯定自己的優秀，並向全世界宣告這一點——不是以
　　　大聲的言語，而是透過偉大的行動。
要帶著這樣的信心過生活：只要忠於自己最好的一面，
　　　整個世界都會站在我這邊。

克利斯汀·D·拉爾森 (1874-1962)

《樂觀主義者的信條》

沒 有任何外力可以影響你的人生，除非你透過你的
想法，為那個外力提供力量。最偉大的力量就在你之
內。

運用內在的力量，並了解到，對你的人生來說，世上
沒有比這更強大的。

當你試著吸引金錢時,該如何讓注意力從帳單上移開?你就假裝,並用那些帳單創造遊戲,哄騙你的心智去想著美好的念頭。讓你的心智忙著玩那些假裝你已經擁有自己想要的事物的遊戲,它就沒有空對你傳送「匱乏」的念頭了。

你是個有創意的存在體,所以,請找出對你而言最有創意的方式,把你的帳單和銀行對帳單轉變成一個假裝富足的遊戲。

每一天，或至少每週一到兩次，花幾分鐘時間專注地想像自己處於喜悅之中。要感覺自己就在喜悅裡，想像你未來的人生只有喜悅，並看見自己沉浸在喜悅中。當你這麼做，宇宙就會調動所有人、事、物，將那份喜悅帶來給你。如果你一直在煩惱金錢、健康，或是與朋友或家人之間的關係，你就無法處在喜悅的狀態。所以，盡可能常在宇宙銀行裡存入喜悅，沒有什麼投資比這更值得的了。

願喜悅與你同在。

我們最高的力量是愛，而且每個人都擁有無限多的愛。一天當中，你給了別人多少愛？每天，我們都有機會帶著自己擁有的這個偉大而無限的力量出發，將它傾注在每個人、每個狀況上。

愛是感謝、讚美、感受到感恩之情，以及對他人說好話。

我們有許多愛要給予，而給出的愛愈多，我們得到的愈多。

宇宙的一切都是好的，然而，碰到困難時，我們往往看不見更大的畫面。即使那些我們認為「不好」的狀況，其實也隱含了美好。請以新的眼光看待任何狀況，尋找美好的事物。如果去尋找，你一定會開始找到，然後，你將會破除困難重重的幻覺，允許所有美好的事物來到你面前。

如果你發現自己和你生命中的某個人處在負面狀況中，請每天花幾分鐘去感受你心裡對那個人的愛，接著將之傳送給宇宙。光是做這件事，就能幫助你清除對那個人的憎恨、憤怒或任何負面情緒。

要記住，感覺憎恨、憤怒或任何負面情緒，會將之吸引回來給你；而感受到愛，則為你將愛吸引回來。你對另一個人有什麼感受，就會為自己帶來什麼感受。

「重要的不是發生在你身上的事，而是你如何回應。」

愛比克泰德 (55-135)

對宇宙來說，透過你去創造沒有什麼難的。你可以創造你想要的任何事物，而你要做的，就是與吸引力法則和諧一致。你提供你想要的事物的模子，然後宇宙就會填滿那個模子。

你的工作很簡單──用你的心智創造模子！

柏拉圖說過:「認識你自己。」沒有比這更重要的話了。你一定要認識自己——你正在做些什麼、說些什麼、感覺些什麼、想些什麼——如此一來,你就可以讓自己與吸引力法則和諧一致了。

認識你自己。

如果你正在抱怨生活中的事，就是處在抱怨的頻率上，這可不是能夠吸引你想要的一切的位置。

請透過你的想法和言語進入一個美好的頻率。首先，你的感覺會很好；再來，你就會處於一個可以接收更多美好事物的頻率上。

如果你想要一間特定的房子，或是一段特定的關係、一份特定的工作，卻還沒得到，那麼，宇宙正在告訴你，那不夠好、不符合你的夢想。此外，宇宙也在告訴你，它為你準備了一樣**更好**、更適合你的東西。

更美好的事物正朝著你來……儘管感到興奮吧！

*你*有力量可以把負面變化轉為正面，但你無法透過抗拒那個改變做到這一點。抗拒改變就是選擇了負面路徑——你正把焦點放在負面性上，這會帶來更多負面事物、痛苦和不幸。

為了將負面轉化為正面，首先要尋找這個狀況中的美好與正面事物。每個狀況裡都藏著美好，而當你尋找美好的事物時，吸引力法則一定會將它們交給你。此外，請命令這個改變帶來無限多的美好與正面事物，且心裡知道並相信，你下了指令，它一定會實現。這就是選擇了正面路徑。

吸引力法則是最棒的法則，忠實地提供每個人他們投入大部分注意力的事物。對吸引力法則來說，你也不例外，而且你可以透過你想要的任何方式使用它。

吸引力法則不會失誤，我們只須學會如何正確地使用。

「諸法意先導，意主意造作。」

佛陀（約西元前563-483）

除 非你強烈地、深刻地感受到感恩之情,否則那不過是話語、話語、話語而已。為了確實駕馭感恩的力量,你一定要練習、練習、再練習,直到你產生最深刻的感覺、到達最高的頻率為止。

那就是感恩最強大的時候。

*最*快出現在你生命中的事，是你最**相信**的事。你只能
為自己帶來你所**相信**的事，因此，你一定**要相信**，才
能接收到你想要的事物。

當你害怕某件事會發生時，透過吸引力法則，你正將它吸引過來——雖然很幸運的是，要把它帶到你身邊，需要真正的專注與持續的恐懼。你投入「不想要某件事發生」的情緒量是很有力的。同時，當你對你不想要的結果抱持如此強烈的恐懼時，也不可能帶來你想要的事物。

將你個人投入其中的恐懼從你不希望發生的事情中移開。現在，運用那股強而有力的能量，並將它導引至你想要的事物上。

無論你一直以來的想法或感覺是什麼，你創造某件新事物的力量就是**現在**。

什麼是負面想法?缺少美好的想法。

什麼是負面情緒?缺少美好的想法!

對某件事物覺得感恩,與對某件事物感到依戀,這兩者是不同的。感恩是純粹的愛的狀態,依戀卻包含恐懼——害怕失去或沒有你依戀的事物。如果你想要某件事物,感恩之情會吸引它前來,依戀卻會將其推開。若你害怕無法得到你想要的或失去你擁有的,那麼,你就是有所依戀。

為了消除依戀,請持續將自己轉移到感恩的狀態,直到你可以感覺恐懼已經消失了。

這裡有個方法可以檢查你是否正在吸引自己想要的事物：你對它有緊張或焦慮的感覺嗎？對於它何時出現，你是否覺得有壓力？此外，也感受一下你的身體。它是柔軟而放鬆，或是很緊繃？如果你真的覺得緊張，那你的思路就錯了，而那些感覺正讓你渴望的一切離你遠去。要完全放鬆、完全平靜，且不要擔心它會在何時、何地或如何出現。

每次想到你渴望的事物時，都要刻意地放鬆、放鬆、再放鬆，持續放鬆你的身體，直到你可以感覺緊張已經完全消失了。

「想著那些仍留在你身邊的美好事物，然後要快樂。」

安妮‧法蘭克（1929-1945）

《安妮的日記》

事情發生變化時，我們往往會抗拒那個改變。但如果了解宇宙、生命和創造的結構，你會知道生命**就是**變化，沒有任何事物是靜止不動的。一切都是能量，而能量持續在動、持續在改變。如果能量靜止不動，你會消失，也不會有生命了。

改變一直爲了你、爲了每個人好而發生，這就是生命的演化。

如果花點時間列出讓你感謝的每一件事，並感受到感恩之情，你每天都會覺得很棒。你的頻率會很高，而且每一天都會愛上充滿活力的感覺，無論到哪裡都帶來喜悅，正面影響一個又一個人。

當你活出這樣的人生時，你想要的一切會在你開口要求之前就出現。

負 面的想法和情緒需要你的注意力才能存在，沒有你
對它們的關注，它們是無法生存的。如果你忽視負面
的想法和情緒，拒絕給它們任何注意力，你就取走了
它們的生命，它們就被消滅了。

大多數人可以很快顯化小的事物，因為他們對小事物沒有任何抗拒，也不會出現與之矛盾的想法。然而，談到比較大的事物，人們往往會發出懷疑或擔心的念頭，與那些較大的事物互相牴觸。在顯化某件事物所需的時間方面，這是唯一的差別。

對宇宙來說，沒有大小的問題。

創造過程的重點一直在於你讓自己與你想要的事物和諧一致，從來不在吸引力法則。某一天，你想著美好的念頭，隔天則不那麼好，再隔天又是好的念頭，以此類推。

不帶一絲懷疑、永遠相信的狀態，是你必須學習的。而透過練習，你會愈來愈熟練。

「之所以有這麼多人無法得到自己想要的事物，主要的原因，是他們並未確切知道自己想要什麼，或是因爲他們幾乎每天都在改變自己想要的事物。

要知道自己想要什麼，並持續希望得到它。如果將渴望和信心結合在一起，你就會得到。與信心結合時，渴望的力量就變得無敵了。」

克利斯汀·D·拉爾森（1874-1962）

《你的力量，以及如何運用》

有 兩種人：

一種是說「我看見就會相信」的人，

另一種是說「爲了看見，我知道我必須相信」的人。

要覺察「受到啓發的行動」和「活動」之間的巨大差別:「活動」來自頭腦,起因是不相信、缺乏信心——你採取行動「讓」你渴望的事發生;「受到啓發的行動」則是讓吸引力法則透過你運作,並推動你。

活動給人的感覺很難,受到啓發的行動感覺起來很棒。

*誰*是你的船長？你知道，如果沒人掌舵，船在海上就會被浪擊打，並撞上岩石。現在想像一下：你的身體是一艘船，你的心智是引擎，而**你**是你這艘船的船長！

掌管你自己的船，如此一來，你就可以運用你引擎的力量，把船駛到你想去的目的地。

*透*過你的想法無疑最能幫助人，而他們可以協助你。你傳送給他人的每個美好的想法是一股生命力，然而，你傳送想法的那個對象要求的事物，必須和你傳送的一樣。如果那個人不想要那件事物，他就沒有和你想法的頻率和諧一致，那麼，你的想法就不會滲入對方。

你無法違反其意志，在他人的生命中創造。但如果那是他們想要的事物，你的想法就是幫助他們的真實力量。

當你活在一種美妙的感恩狀態時，你就成了一個只想給予的人。你變得如此感恩，以致這種感覺接管了你的生活，讓你覺得一天當中可以給予、可以付出的機會根本不夠。你給予喜悅、給予愛、給予金錢、給予感謝、給予讚美、給予善意；你在工作中、在人際關係中，以及在面對陌生人時，都給出最好的自己。

找到真正的感恩時，你會知道的，因為你將成為給予者。一個真正感恩的人不會變成別種人。

*剛*開始使用《祕密》時，人們也許會有點害怕出現
負面的想法。因為那樣的恐懼，當他們想著一個美好
的念頭時，相反的想法可能馬上就跑進他們腦海中。
這並不罕見。然而，我希望你知道，這個階段很快、
很快就會過去。而要讓它過去，最簡單的方法就是不
要把絲毫注意力放在任何負面想法上。你就是忽略它
們，然後想著一個美好的念頭。當負面想法出現時，
就聳聳肩，彷彿你一點都不在意它，並以一個美好的
想法取而代之。

如果想要吸引金錢，你也許會發現，藉由想像你擁有了你想用那筆錢買的東西，會更有力量。假如你生命中缺乏金錢，那麼你對錢的感覺和信念很可能不是非常好，而想著自己擁有了金錢可以買到的事物，感覺也許會好很多。你必須學著解讀自己的感受，並選擇讓你感覺較好的想法。

感覺起來比較好的想法，就是你的力量所在。

「如果你爲任何外在事物所苦，那份痛苦不是來自事物本身，是來自你對它的看法，而你隨時都有力量取消你的看法。」

馬可・奧里略（121-180）

單純的感恩是一種給予的狀態。當你處在衷心感恩的
狀態時，你正往四周發射強大的電磁場。從你內在散
發出來的能量如此純粹、強大，以致觸及了你遇見的
所有人。那些接收到你散發出來的能量的人，其受到
的影響無法追溯——從一個人到另一個人的漣漪效應
永遠不會停歇。

*給*予打開了通往接收的門，而你每天都有許多可以給予、可以付出的機會。

給出美好的話語，給出微笑，給出感恩與愛，給出讚美。開車時，你可以付出善意，禮讓其他駕駛人；你可以給泊車的人一個微笑；你可以給賣報紙的人或幫你泡咖啡的人一句溫暖的問候；你可以藉由讓陌生人先進電梯、問他們要去幾樓，並幫他們按樓層按鈕來付出；如果某人東西掉了，你可以幫他撿起來，這也是一種付出的管道；你可以給予你所愛的人一個溫暖的擁抱；你可以給每一個人感恩和鼓勵。

有很多機會可以讓你付出、給予，並因此打開通往接收的門。

當你到達感恩的最高境界時，你想的每個念頭、你說的每一個字，以及你採取的每個行動，都是出自單純的善意。

你 是一個散發頻率的電磁存在體，只有那些和你發出同樣頻率的事物才會出現在你的經驗裡。你一天當中碰到的每個人、事、物都在告訴你，你是處於什麼樣的頻率。

如果你這一天過得不太好，就停下來，並刻意改變你的頻率；假如你這一天過得很順利，就繼續做你正在做的事。

有時候，一次只專注一件事比較好，這樣你才能為那件事駕馭你所有的能量。也就是說，你可以列出你想要的許多事物，然後一次花一天時間聚焦在一件事物上，並且要感覺像是你已經接收到它一樣。你很可能會發現，你最不擔心的事物最先到來，因為你的「不擔心」讓宇宙可以輕鬆「送貨」。

*抗*拒會阻礙你想要的一切來到你面前。因為對想要的事物感到焦慮或擔心，你在自己之內創造出抗拒。那份緊張引發抗拒，且阻礙傳遞。

想到想要的事物時如果覺得緊張，就該好好地放鬆、放鬆、放鬆了。放軟身體，使其像水一樣呈流體狀，讓身體來放鬆心智。每當你感覺到自己開始緊繃時，就讓身體放鬆，直到你再次覺得柔軟為止。

「人不過是其思想的產物。
想些什麼，他就會變成什麼。」

聖雄甘地 (1869-1948)

*你*會透過編造跟自己有關的故事,來自我設限。這裡有些簡單的例子,可以說明我們編造的那些故事如何限制我們:

我數學不好。我一直不會跳舞。我不是一個好作家。我非常固執。我睡不好。我的情緒非常不穩定。我正在與體重搏鬥。我的英文不好。我總是遲到。我不是一個好駕駛。沒有眼鏡我就看不見。交朋友對我來說很難。金錢似乎從我的指縫中溜走。

當你**覺察到**你正在說些什麼那一刻,你就可以刪除那些事,重寫你的故事!

以下描述的是真正的你：

我是完整的。

我是完美的。

我是強壯的。

我是充滿力量的。

我是充滿愛的。

我是和諧的。

我是快樂的。

有任何工作要做嗎？

要愈來愈能覺察你生命中那些宏偉的事物。對所有透過工作和發明付出許多的人抱持感恩之情,因為他們,你才能過著如此舒適的生活。你今天早上有沖澡嗎?你有使用電嗎?你是怎麼上班的?開車、搭火車、搭公車,或是走路?你有外帶一杯咖啡、聽廣播、用手機打電話,或是搭電梯嗎?你每天都使用許多發明,那麼,你是把它們視為理所當然,或者抱著感恩的心?

我們真有福——我們的確是。

要練習觀想的技巧，就從回想你的一天開始。從這一天裡選擇一個美好的場景或時刻，在腦海裡重播那個場景。重播時，要描繪地方、人、背景聲音、顏色、說出來的話，以及那個場景的每一個細節。

這是改善觀想技巧一種很有效的方式，同時，你也正在吸引更多美好的場景進入你的人生。

宇宙至高無上的力量是一切事物的供應商，而吸引力法則是那些事物的配送經理。你是地球上的一個創造中心點，透過你和你對吸引力法則的運用，宇宙得以將創造物帶進我們的物質世界。

這是多麼完美的體系啊！

今 天是你生命中最棒的一天！

「一個人知道什麼，就看見什麼。」

約翰‧沃爾夫岡‧馮‧歌德

（1749-1832）

*持*續觀照自己的感覺。你希望感受到生命像河一樣流過你,而不是緊緊抓住人生。你可以透過自己的感覺分辨你是處於放鬆而流動的狀態,或是抓著心裡的緊張。

有個方法可以釋放任何緊張:決定把最好的自己給每一個人。當你給出最好的自己時,你正開啟宇宙之流,讓它流經你,而那種感覺非常棒!

在 心與腦之間取得平衡，才能活出喜樂的人生。當你的心與腦平衡了，你的身體就會處在完全的和諧之中，你的人生也是。

想著善意的念頭，說出善意的話語，採取善意的行動，讓善意成為你在思想、言語及行為中的存在狀態。善意有許多種程度，有趣的是，人們所謂的「邪惡」，不過是**缺少善意**。沒有邪惡的源頭——只是善意「缺席」了。

只有一種力量，而它是完全正面、完全美好的。

*運*用意志力，去**做**那些會改變你人生的事。每天練習《祕密》裡的原則，動用你的意志力決定去**實踐**這些原則。爲了你好，請運用所有自然法則，並動用紀律每天練習，不要有例外。

你是唯一能強化你的意志力的人。你有多投入去**做出**改變，就會看見多少改變。

透過科學，我們現在確定知道能量無法被創造，或是被消滅——它只會改變形態。而我們是由能量組成的，因此，我們也無法被創造，或是被消滅——我們只是改變了形態。

許多人恐懼死亡，但我們是永恆的生命，只會改變外在形態而已。

歷史上從未見過憎恨可以為人類帶來喜悅的，憎恨摧毀了那些身、心緊抓著恨意不放的人。如果人類釋放所有的憎恨、恐懼及怨恨，那麼將不會有獨裁者出現，地球就和平了。

地球上的和平只能透過每個人內在的平靜產生。

「正面心智永遠與其本身調和一致，而負面心智總是不和諧，因此失去它很大一部分的力量……在正面心智中，心智系統的所有動作都和諧地運作著，且完全被導向計畫好的目標；而在負面心智裡，同樣那些動作卻是散亂、焦躁、緊張、備受干擾、跑來跑去，有時候受指揮，但大多時候不受控。因此，某人一定會成功，就跟另一個人肯定會失敗一樣顯而易見。」

克利斯汀‧D‧拉爾森（1874-1962）

《你的力量，以及如何運用》

對吸引力法則來說，沒有過去或未來，只有現在。所以，不要再提到你過去的人生有多艱辛、充滿多少困難與痛苦，或是以其他任何負面方式描述。

記住，吸引力法則只會以現在式運作。因此，當你以負面方式提及過去的人生時，法則正在接收你的言語，然後**現在**就把那些事物送回來給你。

*創*造的過程對所有事物來說都是一樣的，無論你是想為自己帶來某樣東西，或是希望從你的生命中移除某件負面事物。

如果你有個希望破除的習慣，或是有任何想要從生命中移除的負面事物，一定要把焦點放在你想要的事物上——那意味著你要觀想自己現在就處於那個沒有負面事物的狀態。盡可能想像自己出現在許多完全沒有負面狀況的場景中，想像自己快樂且自由。把你陷入負面狀況的任何畫面從腦海中消除，只要想像自己處於你想要置身的狀態中，並感覺到你現在就是那個狀態。

每一天，無論你當天遇到誰——朋友、家人、同事、陌生人——都對他們付出喜悅。你可以給他們一個微笑、一句讚美、一句善意的話或一個善意的舉動，就是要給出喜悅！盡你所能確保你遇見的每個人都因為看到你，而有了更美好的一天。這聽起來好像跟你和你的人生無關，但相信我，透過宇宙法則，這其中有密不可分的關係。

當你將喜悅給予你遇見的每個人時，你也為自己帶來喜悅。給別人的喜悅愈多，你為自己帶來的喜悅就愈多。

*很*多節食的人減重後會復胖，因為他們把注意力放在減重上。其實，你反而應該讓你的完美體重成為你的焦點。

你把焦點放在什麼事物上，就會吸引到什麼。吸引力法則就是這樣運作的。

專注於和自己有關的美好事物，當你的心智開始批評你的任何部分時，要撲滅那些想法。馬上讓它們停止，並將你的心智轉移到跟你有關的美好事物上。如果專注在那些關於你的美好事物，你就會吸引到豐盛的美好事物。

對自己好一點，因為你值得！

每 個人都是自身生命的創造者，而我們無法在別人的
生命中創造，除非那個人有意識地要求同樣的事物。
比方說，如果某人希望身體健康，身邊的人就可以為
了他，把強大的焦點放在純然的健康上。這股正面能
量會被那個人接收到，因為那是他自己要求的，而這
樣做對他大有幫助。

「我們暢談萬有引力法則，卻忽略了另一個同樣美好的表現形式：**思想世界的吸引力法則**。我們很熟悉萬有引力法則的美好展現，它把組成物質的原子聚在一起——我們認識萬有引力法則的力量（它讓我們的身體被「吸」在地球上、讓運轉中的各天體待在自己的位置），卻對那個**為我們吸引來我們渴望或恐懼的事物、讓我們的人生成功或失敗的強大法則**視而不見。

「當我們了解到，思想是一種力量，是能量的顯化，擁有磁鐵般的吸引力時，我們就會開始明白，為什麼之前發生的許多事對我們來說似乎很黑暗。」

威廉・沃克・阿特金森（1862-1932）

《思維振動》

認識你自己！觀察你如何在人生中顯化小事物，思考一下你內心對那些事物的感受。想想看，它們來得多容易啊！你會發現，你只想過那件小事物一次，之後沒再想過，然後，它就顯化了。

真實狀況是，你沒有浮現任何和你想要的事物互相牴觸的想法，或是說出任何相反的話，因此吸引力法則可以做它的工作。

想了解感恩的力量與魔法，你必須親身體驗。因此，何不從決定一天找出可以感謝的一百件事開始？

如果每天練習感恩，不久之後，感恩就會成為你的自然狀態。當這件事情發生時，你就揭開了一個生命的大祕密。

在 創造自己想要的一切這個過程中，你可以加入的
最強大事物是什麼？為他人要求，如同為自己要求。
想做到這一點，有個很簡單的方法：為**所有人**要求，
當然也包括你。為所有人要求美好的人生、平靜、富
足、健康、愛，以及快樂。

當你為其他人要求時，你要求的事物會回到你身上，
如此一來，吸引力法則就涵蓋**所有人**了。

吸 引力法則無法改變你憎恨的任何事，因為憎恨會
阻礙改變出現。既然法則給予的，正是我們釋放出去
的，那麼當你憎恨某件事時，吸引力法則一定會持續
給你更多你憎恨的事物。你無法遠離你憎恨的一切，
唯有透過愛。

如果你完全聚焦在你喜愛的事物上，那麼，你就走在
通往美麗人生的路上了。

批評會以非常隱微的方式滲透到我們的思想中。這裡有一些例子，可以幫助你覺察批評的微妙之處，這樣你就可以將它從你的思想中移除：

今天的天氣很糟。

交通狀況糟透了。

服務真的很差。

噢，不，看看隊伍排得那麼長。

他／她總是遲到。

我們訂的東西要等多久才能拿到？

那個駕駛人是個瘋子。

這裡好熱。

我已經在電話線上等很久了！

這些雖是很細微的事，但吸引力法則都聽到了。你有能力在每個狀況中感謝某件事，總是有可以感謝的。

無論你想要顯化的事物是什麼，過程都一樣。在《祕密》的影片和書裡，已經很完整、扼要地描述了那個過程，所以如果你不清楚，請一再重看那部影片或重新閱讀那本書，直到它滲進你的腦海裡。然後，你就會把《祕密》裡的原則帶進你的意識和生活中，任何事該怎麼做你都會很清楚。

「首先保持自己內在的平安，
然後，你也能爲他人帶來平安。」

湯姆斯・耿稗思（1380-1471）

《師主篇》

想像你的美好感覺是雨水，你的身體則是雨水的集水區。

當你確保自己盡可能去感覺許多美好的感受時，你正讓集水區保持在滿水位，且滿到溢出來；但如果你忘了刻意放進美好的感覺，水位會掉得非常低，低到滿是淤泥的底部。負面想法是個指標，讓你知道你集水區的水位已經掉到看得見淤泥，而你必須用美好的感覺將自己再次填滿，直到你又滿溢出來。請透過每天刻意用美好的感覺填滿自己，來讓自己保持在滿溢的狀態。

*你*踏出的每一個正向步伐,都在轉化你的存在。透過持續運用意志力,以及穩定且有決心地實踐你學到的一切,你會驚訝於轉化發生得如此之快。你的存在的轉化帶來一種難以形容的平靜和喜悅,你必須經歷過才會知道;而一旦經歷了,你絕對不會回頭。

*你*不能說吸引力法則沒用,因為它一直在運作,如果你並未擁有自己想要的事物,你就看見你運用這個法則的結果了。假如你並未擁有你想要的事物,那麼,你就是在創造「**並未擁有**你想要的事物」這樣的結果。你仍然在創造,而法則也仍然在回應你。

了解這一點之後,你就可以重新引導你那不可思議的力量,去吸引你想要的一切。

順著生命漂流，當挑戰出現時，不要試圖抗拒。抗拒挑戰反而使你緊抓著它們不放。讓心智聚焦於你想要的事物，然後漂浮在充滿挑戰或負面的事情上方，想像自己在空中往下看著那個負面性的小點。當你這麼做時，你正讓自己抽離負面事物，看見它真正的模樣。

這個簡單的過程可以避免你淹沒在負面狀況裡。

用感恩的心情開始你的一天！感謝你剛剛睡的床、你頭上的屋頂、你腳下的地毯或地板、自來水、肥皂、淋浴設備、牙刷、衣服、鞋子、為你保持食物新鮮的冰箱、你開的車、你的工作、你的朋友；感謝讓你輕鬆買到你需要的東西的商店、你去吃飯的餐廳，以及讓你生活便利的各種公用設施、服務及電器用品；感謝你閱讀的雜誌和書籍；感謝你坐的椅子、你行走的路面；感謝天氣、太陽、天空、鳥兒、樹木、小草、雨水和花。

謝謝你，謝謝你，謝謝你！

*你*不會錯過機會，因爲宇宙會持續把機會給你。如果你認爲自己已經錯失了機會，就不會感覺美好，而且肯定不會處在一個能接收到正確機會的頻率上。要有信心，宇宙有無限多的機會要給你，也有無限多種方式可以引起你的注意。

你會抓住正確的機會。

「每個人都可以是偉大的，因為任何人都能為其他人服務。你不需要擁有大學文憑才能服務，你不需要造得出合乎文法的句子才能服務。你只需要一顆充滿恩典的心，一個由愛而生的靈魂。」

馬丁‧路德‧金恩博士（1929-1968）

為了接收某件美好的事物，你一定要讓自己進入美好的頻率。為了讓自己保持那個美好的頻率，請想著美好的念頭、說出美好的話語，並採取美好的行動。

針對每個問題，你內在就有你需要的確切答案，所以重要的是，你要自己去發現答案。你一定要信任自己和你所是的一切。《祕密》的書和影片幫助你了解你內在的力量、幫助你覺察那股力量，這麼一來，你就可以使用它。

請提出問題，然後保持高度覺察，因為答案隨時會來到你面前。

記得那三隻聰明的猴子嗎？

非禮勿視。
非禮勿聽。
非禮勿言。

意思就是：負面的事物不要看，負面的話語不要聽，
負面的話語不要說。

那三隻猴子顯然很聰明！

*謝*謝你！謝謝你！謝謝你！當充滿緊張的感覺時，這三個字可以超乎你想像地改善你的人生。但你一定要透過感恩之情，讓這三個字滲進你心裡。

當某人說「謝謝你」卻不帶任何感情時，你知道你會有什麼感覺嗎？你沒有感覺。而當某人衷心地說「謝謝你」時，你知道那種感受的。兩種情況中都說了同樣一句話，但是加入感恩之情時，你可以感覺到那股能量的效果馬上觸及你。

當你把感覺放進「謝謝你」這三個字裡，你就賦予它們一雙翅膀了。

如果你正在尋找愛情，那麼，想要在完美的人身上（無論那是誰）找到絕對的快樂，最大的可能就是向宇宙臣服。讓宇宙為你帶來一生的摯愛，也將你帶向對方。這表示你必須讓開，且接受宇宙呈現給你的機會。

從我們較為渺小的觀點，我們無法看清每一件事；但是從宇宙的整體觀點來看，它知道適合我們的完美伴侶是誰。

「心善淵，與善仁，言善信。」

老子（西元前4世紀）

壓力、擔憂和焦慮只是因為把你的想法投射到未來，以及想像某件不好的事而起。這就是把焦點放在你不想要的事物上！如果你發現你的心智正在以負面方式投射到未來，要專注於**現在**。持續讓自己回到當下。

用你所有的意志力，讓你的心智專注在這一刻，因為現在這一刻，有全然的平靜。

這是你抱持的想法嗎？

「我沒有錢可以付出，但是當我有錢時，我就會給予。」如果是，那麼你絕對不會有錢。要吸引任何事物，最快的方法，就是先把它給另一個人。所以，如果你想要吸引的是錢，就把錢給出去。你可以給十元、一百元或一千元，金額大小不重要，給出去就是了。多少不重要、給去哪裡也不重要，去給予就是了！

愈是練習感恩，你在心裡感受到的感恩之情就愈深，而感受的程度是關鍵。你的感覺愈深刻、愈真誠，你在各個領域能為自己帶來的快樂就愈多。

當你在每一天、利用每個機會練習感恩時，觀察一下你生活中發生了些什麼。

每當你為自己要求某件事物時，也試著為這個世界要求。

為你自己要求美好的事物，也為這個世界要求美好的事物；為你自己要求富足，也為這個世界要求富足；為你自己要求健康，也為這個世界要求健康；為你自己要求喜悅，也為這個世界要求喜悅；為你自己要求愛與和諧，也為世界上的每個人要求愛與和諧。

這是件小事，卻能產生不可思議的結果。

當生命中的事情有所改變時，我們往往非常抗拒那個改變。

這是因為人們看到大改變出現時，通常會害怕那是不好的事。但請記住，當某件大事改變時，表示某件更好的事要來了。宇宙裡沒有真空，所以如果有某件事移了出去，一定會有另一件事進來，並取而代之。改變出現時要放輕鬆、要有完全的信心，並知道改變**都是好的**。

某件意義更重大的事就要朝你而來了！

如果想要吸引到一份更好的工作，或是任何比你目前擁有的一切更好的事物，重要的是要了解吸引力法則如何運作。

你知道，要帶來更好的事物，你一定要在腦子裡想像那個更好的事物看起來的樣子，然後活在那個畫面中，彷彿它此刻就在這裡。但你也應該知道，舉例來說，如果你抱怨你目前的工作，並持續聚焦在所有負面事物上，你絕不會為自己帶來更好的工作。你一定要在你目前的工作中尋找可以感謝的事物，而你找到的每一件可以感謝的事，都在幫你帶來更好的工作。這才是真正在操作吸引力法則！

觀察一個人的車子，你就會得知車子主人的某些事。車子如果晶亮乾淨，證明主人很感謝這輛車；車子如果非常髒亂，表示它不被感謝。一個車主可以吸引到更好的車，另一個車主則會吸引到比較差的車子。

對你擁有的事物抱持感恩之情，就是在聰明地使用吸引力法則。

「在逆境中最黑暗的夜晚，要如同在成功時期最晴朗的白天一樣，決心保持堅強、堅決和充滿熱忱。當事情看似令人失望時，不要覺得失望。不管境遇、條件或事件為何，定睛在同一個光明的未來上。當事情出錯時，不要灰心喪氣。讓你原來的決心持續不受干擾，好讓所有的事情可以順利……

「不如意時絕不軟弱的人，會變得愈來愈堅強，直到所有的事都為他歡欣喜悅。最後，他將擁有自己渴望或需要的所有力量。一直保持堅強，而你永遠會變得更堅強。」

克利斯汀·D·拉爾森（1874-1962）

《你的力量，以及如何運用》

吸引力法則是一部巨大的影印機，它複印我們心裡所想的事物，然後透過我們人生的境遇和事件回傳給我們。這樣很好，因為關於我們的人生過得如何，我們會得到非常清楚的回饋。舉例來說，如果你沒有看到足夠的錢，你知道你一定要在心智裡創造出富足和想像物，這樣吸引力法則就可以複印它，並回傳給你。

無論你想的是真實或不真實的事物，無論你想的是你現在的生活，還是你想要的人生，吸引力法則都在回應那些想法。換句話說，吸引力法則不知道你是在想像某件事，或者它是真實的。

現在你了解想像力的力量了嗎？

*想*運用吸引力法則顯化金錢，這裡有四件基本要做的事：

1. 一整天要想著更多富足的念頭，而不是缺錢的想法。
2. 現在就感到快樂，即使沒有錢。
3. 衷心感謝你現在擁有的一切。
4. 對其他人給出最好的你。

四個簡單的步驟。如果你很想擁有金錢，可以這樣做做看。

吸引力法則從不會讓任何人失望，所以也不會讓你失望。法則不會失誤，當事物不如所期待的那樣出現時，總是因為人們沒有正確地使用這個法則。

吸引力法則不會出錯，所以，當你和法則一起完美和諧地運作時，你會體驗到結果！

有時候，當我們沒有勇氣改變時，周圍的一切會改變，引導我們走上一條新的路。

你無法讓自己停止成長，因為進化需要成長。

沒 有你做不到的事，而且如果你用正確的順序處理人生中的所有事，你會去做你想要做的每一件事。首先要完全地、徹底地在內在活出你的夢想，那麼它就會顯化在你的生命中。當你的內在調整得如此徹底，你將會吸引到讓你夢想成真所需的一切。

這就是吸引力法則。你生命中所有的創造都是從你的內在開始。

「努力成為第一：第一個點頭、第一個微笑、第一個讚美，以及第一個寬恕。」

無名氏

*你*的話語中有很大的力量，因為它們是你注入額外能量的想法。要覺察你正在說些什麼，注意你的話語。不必要的話說到一半時就被你發現，可說是個重要時刻，因為那代表你變得愈來愈有意識、愈來愈能覺察了。太好了！

無限的宇宙就像我們的太陽。太陽的本質是給予陽光和生命，除非給予陽光和生命，否則太陽是無法存在或成為太陽的。你能想像太陽某天早上醒來說「我厭倦了給予陽光和生命」嗎？一停止給予生命，太陽就無法存在了。而無限的宇宙就像太陽一樣，它的本質正是給予，如果沒有給予，它就無法存在。

當我們跟宇宙的法則和諧一致時，就會體驗到它持續給予的喜悅。

要記住，你每一秒都在發出一個振動頻率。為了改變外在環境，以及讓你的人生提升到更高的境界，你一定要改變你內在的頻率。善意的想法、善意的言語及善意的行為，會提升你的頻率。

你的頻率愈高，你能為自己帶來的好事愈多。

當你沒有跟吸引力法則和諧一致時，你在生命中就會體驗到「匱乏」，但那只是你創造出來的體驗。宇宙持續在給予，所以，你一定要學會讓自己調整到跟宇宙的和聲協調一致。而最完美的旋律就是這個：美好的想法、美好的言語，以及美好的行動。

宇宙完全地、徹底地愛上你。無論你犯了多少錯、無論你現在處於生命中的哪個階段、無論你怎麼看待自己，宇宙永遠愛你。

*你*真正想要的是什麼？你要的結果是什麼？你的工作是堅持你想要的結果，並感覺到那個結果彷彿現在就在這裡。那是你的工作。至於它會**如何**出現，是宇宙的工作。很多人都在這裡犯了錯，一直試圖找出如何做到。

這裡提供一個簡單的例子。有個人想去念一所昂貴的大學，所以試著找出如何得到上那所大學所需的錢。但是，最終的**結果**是要上大學，那個人就必須聚焦在進入那所大學——那就是他的工作。

把焦點放在結果上，然後讓宇宙運用它的無限多種方式使其發生。

「就像丟到水裡的石頭一樣，想法產生了漣漪和波，在這片廣大的思想海洋上擴散出去。但不同的是，水面上的波只會在同一個平面上往不同的方向移動，思想波卻是從一個中心點往四面八方移動，就像從太陽照射出來的光芒一樣。」

威廉·沃克·阿特金森（1862-1932）

《思維振動》

*你*可以激勵某個正經歷困難的人——不是藉由讓自己遷就他的難過，而是透過你喜悅的光芒來提振對方。

你總是可以透過自己的感覺得知你是否成為激勵之光。如果你可以維持美好的感覺，你的喜悅之光就會閃耀且明亮；當你開始覺得沉重或感覺很糟時，你就知道問題的負面性正在影響你，而你一定要先離開，並讓自己重新感覺美好。

除非你內在的喜悅正向外發散，否則你是沒有東西可以給任何人的。

無論你目前的財務狀況如何，都是你透過自己的想法創造出來的現實。如果那不是你想要的，那麼就是你無意識創造出來的，但還是你自己創造的。當你可以明白這件事，你會了解到，對於創造，你多有影響力。而現在你要做的，就是有意識地去創造你想要的一切！

當你閉上眼睛，想像自己有錢，並想像自己正在做你希望用錢去做的所有事情時，你正在創造一個新的實相。你的潛意識和吸引力法則不知道你是在想像某件事，或者那是真實的。所以，當你在想像時，吸引力法則接收到那些想法和畫面，彷彿你真的活在其中，然後，它一定會把那些願景回傳給你。

當你處在一種想像出來的事物感覺很真實的境界時，你就知道它已經滲透進你的潛意識中，那麼，吸引力法則一定會將它傳送給你。

當 你去付帳時，運用想像力，想出你喜歡的任何遊戲。想像你的帳單是支票，或者想像你在付錢時，就像把金錢當作禮物一樣送了出去。在你的銀行對帳單上加幾個零，或是把《祕密》網站提供下載的宇宙支票貼在你浴室的鏡子上、你的冰箱上、你電視螢幕的下方、你的微波爐上、你車子的遮陽板上、你的書桌上，或是你的電腦上。

去玩、去假裝，並想出一些遊戲，讓富足的感覺滲入你的潛意識裡。

*想*要獲得，最快的方式就是給予，因為給予啓動了「接收」這個相應行動。我們給出多少，就會接收多少。無論去到哪裡，都要把最好的你給出去。給出一個笑容、給予感謝、給予善意、給予愛。

你的給予應該是一種不期待任何回報的給予——純粹為了它帶來的喜悅而給予。

世上的每個宗教都告訴我們要有**信心**。所謂信心，就是雖然還不知道夢想會如何成真，但你完全相信在你許願的當下，宇宙就已經給你了，而你要做的，只是放輕鬆，讓宇宙把你吸往你的願望那裡，也把你的願望吸引到你身邊。

「諸法意先導，意主意造作。若以染汙意，或語或行業，是則苦隨彼……若以清淨意，或語或行業，是則樂隨彼，如影不離形。」

佛陀（約西元前563-483）

《雙品》

因為萬事萬物都已經存在靈性的世界中，所以你想要的事物也存在——事實上，它一直都在，因為在靈性的世界裡，沒有時間的問題。對我們這個有限的心智來說，那可能是個難以理解的概念。但重點是，如果你想要的事物早已存在，那麼你會了解到，在你要求的那一刻，宇宙就已經給你了。而要把你想要的事物從靈性世界帶到物質世界，你必須發出和你想要的事物同樣的振動。你不必創造出你想要的事物，因為它早已存在。

成為你想要的事物的振動，然後你就會透過你自己，把它帶進物質世界裡。

當你批評或責怪任何事或任何人時,留意一下你感覺如何。那些不好的感受正清楚地告訴你,你正在吸引負面事物。留意那個不會失誤的引導,宇宙正透過你的感覺把它傳送給你。

感覺任何不美好的事物就是不值得。

這裡有一份清單，可以確認你是否打開了你的接收頻道：

你有好好地接受讚美嗎？你有輕鬆接受過意想不到的禮物嗎？有人提議要幫忙時，你有接受嗎？你接受過朋友請吃的飯嗎？

這些是小事，但它們會幫助你知道你有沒有敞開來接受。要記住，宇宙會透過每個人、每個情況採取行動，就是為了要給你。

*你*的想法和感覺是**因**，顯化出來的一切是**果**。所以，假如你內化此刻想要的事物，你就完成了你需要做的。存乎中，形於外，你內在所想的，會如實呈現於你的外在。

要記得，你的內在是**因**，外在世界是**果**。

如果你的某個行動好像跟你想要的事物互相牴觸，那麼在採取那個行動時，運用想像力。你可以每天利用你的行動協助創造你想要的一切。舉例來說，在開你的舊車時，你可以想像你其實是在開你想要的新車；伸手拿皮夾時，你可以想像它裡面裝了滿滿的紙鈔。你可以把任何行動轉變成一個與你想要的事物一致的扮家家酒遊戲。

記住，吸引力法則不知道某件事是真實的，或是想像的。

我在製作《祕密》影片的同時，也在學習吸引力法則，而有一段時間，我犯了一個錯，就是在外在世界尋求協助。我製作的是耗資好幾百萬美元的影片，一開始，我背負許多債務，而無論去哪裡尋求協助，我需要的幫助都沒有出現，一扇又一扇門甩在我臉上。我在錯的地方尋求協助，因為宇宙的所有力量其實都在我之內。

一旦我轉變自己、與內在的力量連結，並專注其上時，我讓宇宙去找出最完美的路。我完成了我的部分，並且用身、心、靈堅守我要的結果，於是，前方的路就亮了起來。

「你也許可以自由選擇你的想法，但你的想法會產生什麼結果，是由一個不變的法則掌控的。」

查爾斯‧哈尼爾（1866-1949）

《萬能金鑰》

當你找到目標時，那種感覺就像你的心已經因熱情而燃燒起來。你絕對會知道，而且沒有任何懷疑。

你能讓自己的頻率提升到多高，是沒有上限的，因為你可以想的美好念頭、可以說的美好話語，或是可以採取的美好行動有無限多。除了透過提升頻率來轉化你自己的人生之外，你也可以提升其他人的生命。你能量的正面頻率就像石頭丟進水裡產生的漣漪一樣散發出去，觸及我們的地球，以及居住其上的每一個生命。

當你的頻率提升得愈高，你就帶著整個世界一起提升了。

外在世界沒有任何人或力量能跟你內在擁有的力量相比。找出內在的力量,因為它知道對你而言最完美的道路。

如果你正感受到壓力，就無法為自己帶來想要的事物。壓力或緊張是你必須從你的系統中移除的東西。

你必須讓壓力離開，這是你可以帶來你想要的事物唯一的方法。壓力的情緒傳達的訊息強而有力：你**並未擁有**你想要的事物。壓力或緊張是因為缺乏信心，因此，想要將之移除，你要做的就是增加你的信心！

信心是相信美好的事物。

恐懼是把你的信任放在不好的事物上。

無論你想把什麼帶進自己的人生，都一定要**付出**那樣東西。你想要愛？那就付出愛。你想獲得感恩？那就先感恩。你想要被理解？那就先理解別人。你想要喜悅和快樂？那就先為別人帶來喜悅和快樂。

每一天，你都有能力付出許多愛、感恩、理解和快樂給許多人！

「當你已經決定自己想要做什麼，一天告訴自己一千次：『我會做到。』最好的路很快就會展開，而你將擁有你渴望的機會。」

克利斯汀‧D‧拉爾森（1874-1962）

《你的力量，以及如何運用》

*絕*對不要讓你的一天在沒有尋找好事、沒有去感覺自己內在的美好、沒有讚美、沒有感謝、沒有祝福及感恩的情況下過去。

讓這件事成為你一生的承諾，而你將會對發生在你生命中的一切產生全然的敬畏。

當你的生命出現重大變化時，它迫使你改變方向。有時候，新的路也許不容易走，但你可以確信新的路會有給你的壯麗風景。你可以確定的是，新的路包含了那些如果不走就不會經歷的事。

當我們回頭看過去發生的負面事件，通常會明白，事實上它轉化了我們的人生。我們看見那個事件是如何導引我們走向一個我們不會為了任何事改變的人生。

古代的巴比倫人實踐了一條重要律法，那也是他們擁有巨大財富的原因。他們採用十一奉獻法則，也就是給出你得到的所有金錢或財物的十分之一。十一奉獻法則說你一定要先給予才能獲得，而巴比倫人知道，實踐這個法則可以打開富足之流。

如果你正在想：「有了足夠的錢，我就會給予。」那麼，十一奉獻法則會告訴你，你永遠不會擁有足夠的金錢，因為你必須先付出。世界上許多有錢人都把他們十分之一的財富捐出去，而且從來沒有停止過十一奉獻！

*當*你看著自己，對自己的任何部分都覺得不滿意時，你會持續吸引不滿意的感受，因為吸引力法則就像鏡子一樣，會確實反映你心裡所想的。

對你的高貴、美麗感到敬畏與驚歎吧！

無論碰到的困難是什麼，我們都可以讓此生成為最好。想想看《祕密》影片裡莫里斯‧古德曼的故事。莫里斯躺在醫院時是完全癱瘓，只能眨眼睛，但他知道還能運用自己的心智去觀想。而克服所有困難之後，莫里斯可以走了。

想像你的人生很壯麗，想像你處在完全的喜悅之中，而且無論如何都要持守那個願景！

你是個磁鐵。你為自己帶來你內在感受到的一切,所以,要成為喜悅的磁鐵,並持續全力這麼做。喜悅是你內在的感受,而無論外在世界正在發生什麼,你都可以讓自己去感受喜悅。

要知道,為了依隨吸引力法則而活,你一定要處在喜悅中,這麼一來,充滿喜悅的人生就會來到你面前。

「大多數人在決定要快樂時，就快樂了。」

亞伯拉罕・林肯（1809-1865）

人 終其一生都在追逐物質世界的一切，卻沒發現最偉大的寶藏就在自己身上。閉緊雙眼，不要看著外在世界，然後將你的想法和言語導向內在。你內在的大師就是打開世上所有寶藏的那把鑰匙。

你內在就有一位大師，在生命中的每一刻，你都受其引導。要自己去思考，並且自己做選擇。

*你*的身體就像電影的投影機,而透過投影機投射出來的影片,就是你想法和感覺的總和。你在你人生的銀幕上看到的一切,是從你的內在投射出來,而且是**你**放進影片裡的。

藉由選擇更高頻率的想法和感覺,你可以隨時改變你在銀幕上看到的一切。你的電影會播出什麼樣的內容,你有完全的控制權!

你人生的電影演得如何？針對金錢、健康、人際關係方面的劇情，你需要做任何修改嗎？你想要做任何剪接嗎？今天就是按照你的希望去修改你的電影的日子，因為今天的改變，明天會播出。

你正在創造你人生的電影，而它就掌握在你手中——每一天都是。

雖然有很多可以學、可以研究的，但如果你睜開雙眼仔細觀察，生命的真理就在你周遭世界的一切事物中。只因為我們的無知和固守的信念，讓我們對真理視而不見。

持續在自己心裡提出問題，持續去學、持續放掉固守的信念，那麼，真理就會在你心中展現。

「當你被某個偉大的目標、某項非凡的計畫啓發時，你所有的想法就會突破它們的局限——你的心智會超越限制，你的意識會往每一個方向擴張，然後你會發現自己置身一個偉大而美好的新世界。蟄伏的力量、能力及天賦變得活躍，而你發現自己成爲一個遠比你過去所夢想更棒的人。」

帕坦伽利（西元前200年）

《瑜伽經》

*你*一定要好像現在就已經擁有你想要的事物那樣說話。這非常重要。吸引力法則如實回應你的想法和話語，所以，如果你認為某件事物存在於未來，你事實上正在阻止它此刻就出現。

你一定要感覺好像你現在就已經擁有它了。

當你一再練習吸引力法則時，你的想法和感覺的振動頻率會愈來愈高。它們可以振動到多高是沒有上限的，而當它們的振動頻率愈來愈高時，你人生的境界也變得愈來愈高。然而，這是個一步一步來的過程，而提升到更高的唯一方法，就是按部就班地來。

所以，每天盡可能感覺美好、盡可能想著許多美好的念頭，那麼，你就會到達那裡！

要完全掌握吸引力法則,就要完全掌控自己。掌握你的想法和情緒,你就會成為吸引力法則的主人,因為你已經成了自己的主人。

沒有人會故意為自己帶來不想要的任何事物，但不幸的是，在人類的整個歷史中，許多人遭受了痛苦、悲傷及失去，因為他們沒有覺察到那個比其他法則影響他們人生更多的法則。

歷史的進程現在已經改變了，因為你知道了吸引力法則，而且你可以創造你值得擁有的人生。你正在改變歷史！

*你*的分內事就是你自己，而且只有你。當你與吸引力法則一起和諧運作時，沒有人會擋在你和宇宙之間。然而，如果你認為別人會阻擋你想要的事物到來，那麼，你已經掉進負面性了。請把注意力放在創造你想要的事物上。

你是你生命中的神聖運作中心，你的夥伴就是宇宙。沒有人可以妨礙你的創造。

當你猶豫不決,不知該轉往哪一條路或跟隨哪一條路時,記得有一個人知道路,而且會在你生命中每個做決定和轉折處引導你。你要做的就是要求,並相信你會接收到你想要的引導,然後就保持警覺,去接收你的答案。你走的每一步,宇宙至高無上的力量都在你身旁,而你要做的,就是依靠它的力量,並提出要求。

當你不再感覺自己需要錢時，金錢才會到來。需要錢的感覺源自你認為自己的錢不夠，而因為有這種想法，你才會持續創造「錢不夠」的狀態。

你一直都在創造，而說到錢這個部分，你不是在創造「缺錢」，就是在創造「有錢」的狀態。

「我們的命運不是由某種外力爲我們規畫，而是我們自己安排的。我們現在所想、所做的事，決定了未來會發生在我們身上的一切。

「當你學會控制自己的想法時，人生當中沒有任何事是你無法修正、改變或改善的。」

克利斯汀·D·拉爾森（1874-1962）

《你的力量，以及如何運用》

你愈是試圖緊緊抓住某件你害怕失去的事物,愈會把它推開。那些想法充滿恐懼,如果你繼續堅持,你最害怕的事將會發生在你身上。

不要害怕任何事,只要思考你想要的事物。那種感覺會好很多!

*真*相會讓你自由。世上所有的痛苦和苦難都源自人們不知道這些不變的宇宙法則,而《祕密》裡的原則讓每個人可以自己證明宇宙法則。證明給自己看,那麼真相就會讓你自由。

信念是透過不斷想著某些念頭而創造出來——反覆地想，直到想法成為信念。信念是你正在傳送的一種固定頻率，而我們的信念是最強大的東西，透過吸引力法則創造我們的人生。吸引力法則會回應你**相信**的事物！

這就是為什麼當你想要創造某件事物時，一定要提出要求，並且**相信**，然後你就會接收到。

*你*真正的本質是愛，其證據就是你內在可以供給**無限**的愛。沒有人的愛比較少，也沒有任何人內在可以付出的愛是有限的。

愛的全能力量點燃了吸引力法則——這是宇宙最強的吸力。

如果某人的焦點放在疾病上，他無意中就會為自己吸引來更多疾病；相反地，比起疾病，如果他更聚焦在健康上，那麼吸引力法則一定會遵守他的想法，為他帶來健康。吸引力法則的原則是一種召喚我們內在療癒力量的強大工具，而且可以完全和諧一致地輔助現今所有美好的醫療行為。

要記住，如果我們內在沒有療癒力量，沒有什麼是可以被療癒的。

如果你要求某件事物，內心深處卻因為它太大而不相信可以馬上顯化，那你就是那個讓創造過程需要花時間的人。依據你對所要求事物大小的認知，你正在創造它須花費的時間。但是對宇宙來說，沒有大小或時間的問題。萬事萬物**現在**就存在宇宙的心智中！

「一個強烈的念頭，或是一個長久持續的想法，會使我們成為吸引的中心，吸引到他人相應的思想波。在思想的世界裡，物以類聚——你種什麼，就收什麼……

「內心充滿愛的男性或女性，在所有面向都看到**愛**，且會吸引到其他人的**愛**；心中充滿**恨**的人，會得到他能忍受的所有**恨**；想著**爭吵**的人，通常會在想通之前遇到他想要的所有**爭吵**。就像這樣，透過心智這個無線電報，每個人都會得到他要的結果。」

威廉·沃克·阿特金森（1862-1932）

《思維振動》

*你*勤於幫你的車子加滿油,但你有努力讓自己充滿美好的想法和感覺嗎?

當你有了正確且充足的燃料,你就會往自己想要的方向前進。

*你*每天都從宇宙接收到數以千計的訊息。要學著覺察來自宇宙的溝通訊息，它時時刻刻都在對你說話和引導你。沒有意外和巧合，你注意到的每個徵兆、你聽到的每個字、每個顏色、每個氣味、每個聲音、每個事件和狀況，都是宇宙在跟你說話，而你是唯一知道它們和你的關連，以及那溝通訊息代表什麼的人。

用你的眼睛去看！用你的耳朵去聽！運用你所有的感官，因為你正透過它們接收這份溝通訊息！

記得想起來的意思是記得要去覺察。記得在**當下這一刻**要去覺察。覺察就是看見周遭的一切、聽見周遭的一切、感覺周遭的一切,以及完全專注在你此刻正在做的事情上。

大多數人之所以為自己帶來不想要的事物,是因為沒有覺察到他們一直在傾聽腦海裡那些關於過去和未來的想法。他們甚至沒有覺察到自己正被那些想法催眠,因而無意識地過著自己的人生。

當你記得要去覺察時,馬上就能覺察。你只需要記得想起來!

「*渴*望」某件事物，就是與吸引力法則和諧一致。你會吸引到你渴望的一切。但「需要」某件事物，是誤用了這個法則。如果你覺得你緊急或迫切需要它，就無法吸引到你需要的事物，因為那樣的情緒包含恐懼。那種「需要」會讓事物遠離。

　　請「渴望」所有事物，別「需要」任何東西。

去創造：

第一步——**要求**。那表示仔細思考過後，你非常、非常清楚自己想要的是什麼。記住，在你要求的那一刻，你想要的早已存在靈性世界裡。「要求」在創造過程中屬於主動的一步。

第二步——**相信**。那表示你內心必須知道你要求的事物馬上就是你的了。你的信心提供方法，讓你渴望的一切從靈性世界轉化到物質世界。「相信」在創造過程中屬於被動的一步。

第三步——**接收**。如果你相信你已經接收到了，你就會接收到。「接收」是創造過程的第三步，也是你將主動和被動兩個步驟結合在一起的結果，這形成一個完美的創造物。

創造就像電池，正極是主動，負極是被動。完美地連結這兩極，你就有了力量。

快樂是一種存在狀態,來自你的內在。根據吸引力法則,你希望外在有什麼,內在就必須變成什麼。

你不是選擇現在就感到快樂,就是找藉口選擇不要快樂。但對吸引力法則來說,沒有任何藉口!

「智慧不會憑空出現，而是必須走過一段沒人能代替我
們走的旅程之後、自己發掘而來。」

馬塞爾‧普魯斯特（1871-1922）

《追憶似水年華》

我們無法看見未來的一切,但宇宙至高無上的力量可以看到每個可能性。談到愛情關係,你或許確信某人適合你,但其實可能不然。你或許要求和某個特定的人有一段和諧、快樂、充滿愛的關係,但如果宇宙知道你和那個人無法擁有快樂的關係,就不會把那個人帶來給你。

去要求一段和諧、快樂、充滿愛的關係,然後讓宇宙為你送來那個完美的伴侶——無論那會是誰。

要成為你想法和情緒的主人，最快的方法就是經歷充滿挑戰的狀況。如果你的人生過得相當平順，就不會有相同的機會可以讓你強化你的力量，並成為你想法和情緒的主人。

你看，即使是挑戰，都是經過僞裝的美好機會。

當你不再是自身情緒和想法的奴隸——當它們沒有經過你同意就不能再對你為所欲為——你已經成為你自身存在的主人,而你外在世界的整個人生將會被轉化。你將成為吸引力法則、你和你生命的主人。

*利*用觀想來駕馭健康的力量，想像每一次呼吸時，你都吸進純淨、白色、發光的能量。想像你的身體充滿這股美好、純淨、發光的能量，並看見這股能量點燃你體內的每個細胞，直到你身體的整個內在、外在都在發光，像一顆明星那樣散發光芒。

我們是宇宙的精確縮影——或是迷你版。當我們認識了自己，就認識了整個宇宙。

「認識你自己。」柏拉圖如是說。

*最*棒的一件事是：我們可以在每一天的每個狀況中知道自己做得如何。我們的世界、我們的人生持續在我們的能量場上提供回饋，而當我們開始創造一個新的能量場（透過美好的想法和感覺），發生在我們身邊的改變會很驚人。

這值得踏出每一步、付出每一分心力，因為沒有任何事比跟宇宙和諧一致更棒。

「無論身體上、智力上或道德上，大多數人都活在一個自身潛力極度受限的圈子裡。他們通常只使用自身意識及靈魂資源非常小的一部分，就像一個擁有全部身體器官的人竟然只習慣使用和移動他的小姆指。重大緊急事件和危機讓我們知道，我們的重要資源比我們以為的多得多。」

威廉·詹姆斯 (1842-1910)

「現在」之所以是你所有力量存在之處，是因為「現在」是你唯一可以想著新的念頭、感受新的感覺的時間。我們無法想著三十秒後的想法，或是感受兩個小時前的某個感覺。我們只能想著**現在**，只能感覺到**現在**。因此，現在這一刻就是你力量最大的時間點。

你接下來的人生正等著你！

一個國家的改變是從一個人開始。每個國家都會反映出其廣大民眾的內在平靜或混亂，所以當一個人改變時，他可以影響其餘的人。透過內心無限的愛與平靜，一個人就有了內在力量，可以為他的國家帶來重大改變。但除非你在自己的人生中已經贏得平靜與安康，否則你無法為你的國家帶來這兩樣東西。你明白了嗎？你無法給出你沒有的事物。

每個人的工作，就是為自己的人生帶來完全的和諧，然後他就會成為其國家和這個世界最偉大的人類禮物。

沒有一個人注定要過貧窮的人生，因為我們每個人都有能力改變此生的一切。吸引力法則就是創造的法則，它讓每個人都可以創造自己想要的人生。每個人都有各自要克服的特殊狀況，但大家都有機會實現任何事——以及改變一切。

未 來是透過我們過去的想法、言語及行為創造出來的。未來由我們過去播下的種子收割而成，無論那些種子是好是壞。每個持久的想法、我們說出來的每個字，以及我們採取的每個行動，都是我們未來會收割的種子。

為了創造一個美麗的未來，盡可能讓你的許多想法都是美好的、說出美好和仁慈的話，並確保你的行動是出於善意。

你的未來就靠這個了。

要吸引你想要的一切，你不用去想它會**如何**發生。你的工作是去要求宇宙，專注在結果上，想像你擁有它、相信你擁有它、知道你擁有它，並對你現在就擁有它表示感謝。

藉由振動你的渴望做好自己的分內事，然後讓宇宙去做它的工作，把你渴望的一切帶來給你。

*當*你活在自身存在的力量、愛及喜悅中時,你就能提升數百萬人。

跟隨你自己的路,跟隨你自己的真理,跟隨你自己的心,跟隨你自己的內在喜悅,並讓每個人都能遵循他們自己的,無論那會是什麼。在每個人、事、物當中尋找美好,並讓你的愛及喜悅每天散播到全世界。

「感謝不只是最偉大的美德，而且是眾美德之母。」

馬庫斯・圖利烏斯・西塞羅

（西元前106-43）

地球目前的狀態只是全體人類心智的反映而已。你在地球上看到的不和諧，只是反映了人類內在的不和諧。地球和人類之間的連結是一種斷不掉的關係，當每個人的內在改變時，世界會改變，地球也會改變。

一個人可以啟發其他許多人，其他許多人可以啟發數以千計的人，數以千計的人會啟發數以百萬計的人，然後數以百萬計的人會啟發數十億人，這就是我們把和諧帶到地球的方式。

$知$ 道《祕密》裡的原則還不夠——你必須去**做**，每天持續不斷地做。你一定要**實踐**這些原則，然後漸漸地，你會成為你的想法和感受的主人，以及你生命的主人。

沒有任何事比這更重要，因為你整個未來的人生都靠你了。

問問自己，你一天所想的正面念頭，是否多於負面念頭？問問自己，你一天所說的美好、感謝、善意、感恩及愛的話語，是否多於負面話語？問問自己，你一天當中採取的美好、感謝、善意、感恩及愛的行動，是否多於其他任何行動？

一天當中的每一刻，你眼前都有兩條路。為了美好的一切，走那條美好的路吧。

如果某人對你說了一件負面的事，不要回應。你必須讓自己處在一個無論外在發生什麼負面狀況，你的內在都可以保持冷靜及平和的境界。

當無論外在發生任何狀況，你都能保持內在的平靜和喜悅時，你已經成為一切事物的主人。

知道你無法從外在控制自己的世界，不是很棒嗎？試圖掌控外在事物，感覺不太可能，因為那會花費很多工夫；而事實上，這之所以不可能，是因為吸引力法則。

想要改變自己的世界，你只須管好內在的想法與感受，然後，你的整個世界也會隨之改變。

記住，如果你正在批評，就是沒有在感恩；如果你正在責怪，就是沒有在感恩；如果你正在抱怨，就是沒有在感恩；如果你正感到緊張，就是沒有在感恩；如果你很匆忙，就是沒有在感恩；如果你心情不好，就是沒有在感恩。

感恩可以改變你的人生。你會讓微不足道的小事阻擋你的轉化，以及你值得擁有的人生嗎？

「無論你是誰，或發生任何事，就是要快樂，因為在這裡而快樂。你身處這個美麗的世界，所有美好的事物都可以在這個世界找到……就是要快樂，而你會一直很快樂。你永遠會有更好的理由快樂，你將有愈來愈多事情可以讓你開心，因為快樂的力量很強大，特別是人類的快樂。它可以改變任何事、轉化任何事、改造任何事，並讓即將成形的事物如同它自身一樣美麗。就是要開心，那麼你的命運將會改變：一個新的人生會展開，一個新的未來會為你露出曙光。」

克利斯汀‧D‧拉爾森 (1874-1962)

《就是要快樂》

感恩是改變你的人生一種很簡單、很強大的方法。如果你真正感恩,那麼無論去哪裡、無論做任何事,你都會吸引到所需的一切。事實上,沒有感恩,就沒有任何事物會改變。你的人生會改變到一種程度:你運用感恩,且開始**感覺到**感恩之情。如果你只有一點點感恩,你的人生只會改變一點點;如果你非常感恩,你的人生會有很大的改變。全看你自己。

大部分時間都感到快樂和喜悅是有可能的——只要看看小孩子，看他們自然的喜悅。你也許會說，小孩子很自由，且沒有任何要擔心的事，但你也是自由的！你可以自由選擇要擔心，還是要喜悅，而無論你選擇的是什麼，就會確實吸引到那件事物。擔憂吸引更多擔憂，喜悅吸引更多喜悅。

父母想要協助孩子變得正向，最有效的方法就是自己成為充滿正面性與愛的活榜樣。當父母專注在這些事情上，孩子也會吸收到他們所有的正面性。

當我們變得愈來愈正向、愈來愈喜悅，藉由這種強而有力的示範，我們可以提升周遭所有的人。

負面頻率上沒有美好的事物。讓你自己進入正面頻率，那是你渴望的事物所在之處。為了做到這一點，請用**新的眼光**看待你生命中的每件事物——透過感恩的眼光，透過正面的眼光，透過只看得見美好事物的眼光。

調整你的「視力」，開始看清楚。人生是無比美麗。

記得在一天當中持續追蹤自己的感受。檢查一下身體的感覺，並確認你的身體是放鬆的。如果你察覺到任何緊繃，就花個一分鐘專注地釋放緊繃，並放鬆整個身體。你的目標是讓身體和心智產生一種平靜的感覺，因為那種頻率會讓你處在一個跟宇宙和諧一致的頻率上。

*你*今天有為這一天設定意念嗎?或者,你要讓今天被
昨天的想法掌控?下面這些話將協助你展開行動:

所有美好的事物今天都會來到我面前。
我所有的渴望今天都會實現。
今天無論走到哪裡,魔法和奇蹟都會跟著我。

祝你擁有至今最美好的一天!

「人不是命運的囚徒，只是自身心智的俘虜。」

富蘭克林・D・羅斯福

（1882-1945）

一個家庭在創造願景板時，家中每個參與的成員都**想要**參與是很重要的，它對每個人來說一定都要很好玩。家裡的每個人可以沒有任何限制或約束地選擇自己想要放在板上的東西，圖畫、剪下來的圖片和文字都很棒。那些最興奮的人會每天自動把注意力放在願景板上，而他們會是把板上的事物顯化在生命中的人。投入的能量愈多，事物顯化得愈快。

一顆因興奮和熱情而燃燒的心，擁有強大的吸引力。

當車子不再能發揮原本的功用時，我們會聰明地把它賣掉。我們會將舊車脫手，去購買一部比較新型的車，然後開著新車繼續我們的旅程。

當你身體這部車不再發揮它的作用時，你也會聰明地把它交易出去，換成更新、更好的型號，然後以新的代步工具繼續你的旅程。人類的身體和車子都是運載工具，而你是永恆的駕駛。

能量無法被創造，或是被消滅 —— 它只是轉變形態而已。

*想*一想你生命中所有美好的事物。現在你了解，是你把它們帶入你的生命中。你的想法和感覺調動了宇宙的能量，爲你帶來這些美好的事物。

你是一個充滿力量的存在體。

試圖改變某人是浪費時間。改變某人這個想法意味著他所是的樣子不夠好,而這樣的想法充滿批判與不認同。這不是感謝或愛的想法,而且這些想法只會造成你和那個人之間的分離。

你一定要尋找他人身上的優點,好讓更多優點出現。當你只尋找某人身上的美好之處時,你會為你的新焦點揭露出來的東西感到驚訝。

你對你的頻率負有責任，它是由你的想法、言語、感覺及行動決定的。當你透過愛、憐憫與善意等頻率更高的想法去思考、說話及行動時，你的頻率會愈來愈高。你這一生真正的功課是持續提升自己的頻率，這是所有事物的基本前提，因為你生命中的一**切**都是你所處頻率的結果。一切事物！

「事情沒有好壞之分，是思想使然！」

威廉・莎士比亞（1564-1616）

《哈姆雷特》

弄清楚你到底想要什麼，然後就去想像和創造遊戲，假裝你已經擁有自己想要的一切。當你假裝你有了你想要的事物，請留意自己的感受。小孩子在扮家家酒時，想像力非常強大，讓他們自動投入自己的感受。觀察小孩子怎麼玩，你將學會如何利用宇宙法則，為你帶來最大的好處。

記住，吸引力法則不知道你是在假裝，或者某件事是真實的。所以在假裝時，你必須感覺它就像真的。當你的假想開始感覺逼真時，你會知道你正成功地把想要的事物帶進你的現實中。

為了吸引種種事物，過一個更快樂的人生，你必須成為一個快樂磁鐵，因為快樂吸引快樂。而想要成為快樂磁鐵，你必須感覺快樂、想著快樂的念頭，並且快樂地對待他人。為了讓自己深刻感受到快樂，請盡你所能地給予其他人快樂。

無論你抗拒的是什麼，它都會持續下去，這表示無論管你熱切地不想要什麼，你都在邀請它來到你面前。把你激昂情緒的力量放進你**真正想要**的事物中，然後將那些事物帶來給你。

專注就是在創造，而帶著情緒的專注，就是強而有力的創造。

大多數人都沒有意識到自己投注了多少熱情在不想要的事物上。跟朋友聊天時，如果你對他們說某件事有多「糟糕」，就是在把熱情投入你不想要的事物。當你對某件事有負面反應、認為那件事「糟透了」，就是把熱情投注在不想要的事物上。

你是個充滿強烈情緒的美麗存在，所以，請務必明智地引導你的熱情。

*你*和吸引力法則是夥伴關係，而且透過這段關係，你正在創造**你的**人生。其他人和吸引力法則也是夥伴關係，而他們正在創造**他們**自己的人生。這意味著你無法運用吸引力法則去違反他人的自由意志。如果試圖這麼做，你就冒了一個很大的風險：吸引到「你的自由從你身上被奪走」這種情況。

你無法運用吸引力法則去違反某人的自由意志。如果深入思考這一點,特別是關於愛情關係,你只會得出一個結論:幸好吸引力法則是這麼運作的。如果不是,就會有某個人決定你是他一生的摯愛,而對你使用吸引力法則。他無法這麼做,你也不行。

你想的每個美好念頭、你說的每句美好話語、你感受到的每個美好情緒,以及你採取的每個善意行動,都在使你的頻率提升到新的高度。當你開始提高自己的頻率,新人生和新世界會在你面前展現。你會散發一股橫越地球的正面能量,觸及居住其上的每一個生命。

你將會提升你自己,而當你提升自己時,你也提升了整個世界。

我們是進化中的人類，成長時，我們的頻率會改變。兩個人之間的關係結束，是他們不再處於同一頻率的**結果**。當人們的頻率不再相稱時，吸引力法則會自動把他們分開作爲回應。頻率的改變是一種成長，有成長才是人生，而人生是美好的。

早上打開窗簾、晚上關上它時,你在想些什麼?一天當中第一次穿上鞋子,以及那一天結束後脫下鞋子時,你在想些什麼?在這四個每天要做的動作中使用宇宙的力量,由衷說出:

「感謝這最不可思議的一天!」

無論去哪裡,你都可以先啓動正面力量,但是做之前,你必須預先想過。進行任何事之前,都預先想像,並看見自己完成行動的開心模樣,以及事情毫不費力地完成。現在,你可以往前走了。

正面力量隨你使喚,但是,你必須召喚它們進入你的生命中。

讓你的心智照**你**想要的去做！如果你認真想要消除負面想法、改變你的人生，那麼這裡有個簡單的步驟可以協助你：每天不間斷地寫下你感謝的一百件事。當你這麼做時，你正在控制自己的心智，**讓它想著美好的念頭**。如果你每天都這麼做，就能掌控你的想法。

對自己承諾要控制你的想法。當你掌控你的心智時，就會成為自己的主人。

每次進入一部車裡，記得要花幾秒鐘想像自己快樂而安全地抵達目的地。無論什麼性質的旅行，或是搭什麼交通工具，都請透過你的意念利用宇宙的力量，創造一個美好、安全的旅程。

*創*造的過程非常簡單，如果你發現它很困難，那只是因為你不相信。記住，你必須相信，才能看見！如果你大部分人生只相信你看得見的事物，那就很難了。你的心智需要重新訓練，你必須相信那些看不見的事物，這個信念正是讓看不見的一切變成看得見的**唯**一管道。

「喜悅不在事物裡，而是在我們之內。」

威廉・理查・華格納

（1813-1883）

和孩子一起創造願景板，並且教他們玩觀想的遊戲，
讓他們知道必須假裝自己已經擁有貼在板上的事物。
小孩子有非常美妙的想像力，假裝對他們來說是第二
天性，而他們會給你很棒的啟發。

「回轉變成小孩子的樣式！」這是兩千年前就傳講的
真理話語。

如果你不是在一個負面頻率上，就沒有人可以用他們的負面想法影響你。你透過你的想法和感覺設定自己的頻率，而你的感覺愈好，你所處的正面頻率就愈高，你可以接觸到的想法也是。其他人的負面想法無法在那裡影響到你。

為 了精通「相信」這件事，你要做的就是讓你的想法、言語及行動，從天平「不相信」那一端，傾向「相信」這一端。唯一能阻礙你顯化你想要的一切的是：比起**相信**，你有更多「不相信」的想法、說出更多「不相信」的話語，以及採取更多「不相信」的行動。

讓你大部分的想法、言語及行動都以「相信」為基礎，那麼吸引力法則一定會服從你的命令。

「給每個人更多使用價值，
多過你從他們身上得到的現金價值。」

華勒思·華特斯 (1860-1911)

《失落的致富經典》

記住這一點，並且在給予他人的使用價值**並未多過你**得到的金錢時，**絕不**從任何人身上拿取金錢。在人們的生活中，這就是導致缺錢、不成功的工作經驗及失敗的事業一個主要原因。請給予更多價值，多過你收到的金錢——在你的工作、你的事業，以及你人生的每個部分。

你 今天有感謝大自然嗎？

如果不是大自然無止境地給予，你今天或任何一天都
不可能活著。大自然提供無限的空氣來源，讓你可以
呼吸，也為整個地球的需要供給足夠的水，讓你可以
存活。此外，如果沒有太陽給予的那些產生生命的力
量，我們沒有一個人可以存在。

那就是單純的給予！怎麼會有人認為自己是不被愛的
呢？

當你防禦某件事物時，你正在為自己帶來那個你不想要的事物。防禦是把焦點放在問題上，而防禦會吸引更多防禦。相反地，要有創造力，且將所有的能量聚焦在你想要的結果上。創造是把焦點放在解決方案。

要有創造力，而不是防禦；要聚焦於解決方案，而不是問題。

「我相信，一個了解思想力如何運用的人，可以讓自己
　　實際成為他下定決心變成的樣子。

「我相信，不只人的身體受制於心智，透過以正面想法
取代負面想法，人也可能改變環境、『運氣』、碰到的
狀況。我知道那種『我可以，而且我會做』的態度將帶
領一個人通往成功，那樣的成功對處於『我辦不到』這
　　種層次的人來說，看起來就像奇蹟。」

威廉·沃克·阿特金森（1862-1932）

《我的工作信條》

---

*你*的人生是一個學習過程，你只能藉由學習變得更有智慧。有時，你也許必須吸引「犯下痛苦的錯誤」這種狀況才能學會某件重要的事，但是在錯誤之後，你得到更多的智慧。智慧無法用錢買，只能藉由過生活得到。伴隨智慧而來的，是力量、勇氣、知曉，以及持續增加的平靜。

如果內在沒有愛，你就無法以人的形態活著、存在著。如果一層一層剝掉那些裹住你的東西，你會得到由純粹的愛組成的永恆意識之光。

你的人生旅程意味著剝掉層層包裹物，直到觸及你的核心，也就是絕對的愛為止。

無論你怎麼想，你每天都變得愈來愈多。沒有人會倒著活，你只能往前或向上走。

即使你覺得事情沒有好轉，都要提醒自己：今天的你比昨天的你多太多了。

面臨一個對你來說似乎爲你的人生帶來負面改變的挑戰時，要記住，發生的每一件事最終都是爲了我們每個人好。重點不在於發生的事，而在於我們如何面對機會，以及我們選擇如何看待它。

宇宙必須把事物挪開，才能讓更好、更美妙的事物出現。要了解，這個改變之所以發生，是因爲某件很棒的事物正朝著你來！

「 *我* 可以在任何我決定要做的事情上成功。」

這是絕對的眞理,但重點是,你相信嗎?

純粹的愛沒有條件或界限。愛不會自我設限或有所保留，它一直在給予，且不會要求任何回報。愛毫不受限，持續不斷地流動，而這份愛全都在你之內。

「我決定無論身處什麼狀況都保持愉悅與快樂，因為我已從經驗中學到，我們大部分的快樂或不幸都不是取決於環境，而是我們的性格。」

瑪莎・華盛頓（1732-1802）

下定決心，今天要在口頭上對你見到的**每個人**表達至少一件感謝的事。你碰到的人愈多愈好。留意一下你在這一天開始時的感覺如何，接著特別留意當這一天結束時，你的感覺有多棒。

把一週的某一天指定為你的感恩日，並在每週的那一天確實執行這個過程，不要中斷。然後，看看你的人生會發生什麼事！

世上的每個人都希望快樂。任何人之所以渴望任何事，都是因為覺得他們渴望的東西會使自己快樂。無論是健康、金錢、一段充滿愛的關係、物質事物、成就、工作，或是任何事，對快樂的渴望是這一切的基本前提。但是要記得，快樂是我們內在的一種狀態，外在事物只能帶來短暫的快樂，因為物質的東西是不持久的。

永恆的快樂來自你選擇要永遠快樂。當你選擇快樂時，你也會吸引到所有快樂的事物。快樂的事物就像蛋糕上的糖霜一樣可以錦上添花，然而，蛋糕本身就是快樂。

如果你和家中某個充滿負面性的成員之間有些問題，就透過寫下你感謝那個人的每一件事開始。記得要包含感謝他讓你對正面事物有很大的渴望，因為那是他給你的禮物。當你將所有的力量聚焦在感恩上，你不只會減少對負面事物的接觸，同時也會吸引正向的人進入你的生命中。

讓自己進入感恩的頻率，吸引力法則就會讓你身邊只圍繞著那些處於正面狀態的人。

如果想要幫助某個有健康問題的人，可以做一件很有效的事：想像那個人強壯、快樂且健康的畫面。為了有效做到這件事，請在腦海裡創造出你和那個人一起出現的場景，盡可能放入愈多細節愈好。想像你們兩個人正在說的話，並看見那個人正在做只有快樂和健康的人才能做的事。一直重播那一幕，並深刻地感覺到你想像的一切，彷彿你真的活在其中。

雖然是他在創造自己的人生，但這個過程對他大有幫助。

對於透過你運作的無限力量要有信心。這是一股純粹的正面力量，你可以藉由讓心智聚焦，引導它到你想要的任何地方。然而，你必須與這股無限力量和諧一致，這表示你的焦點必須放在正面事物上。當你專注於負面事物時，你就讓自己與無限力量斷了連結。

有一股無限的力量，而且它只能被用在正面和美好的事物上。

*你*之內有一種存在，這是在你出生時吸入你第一口氣的生命力量，這是此刻讓你呼吸的生命力量。這是一種難以置信的和諧、平靜及愛的存在，而且就在你之內。為了連結並感受到這個生命存在，請停下來，閉上眼睛，放輕鬆，放掉種種念頭，然後專注地聚焦在你身體裡面幾分鐘。

這個練習做得愈多，那個純粹的和諧、平靜及愛的存在就愈會在你之內出現。

「爲了促進心智和靈魂的最高發展，開朗的性格是不可或缺的。性格愈是開朗、快樂、令人愉悅，任何天賦都愈容易且愈快發展，這是千眞萬確的。一個開朗的性格之於天賦，如同晴天之於田野的花。」

克利斯汀‧D‧拉爾森（1874-1962）

《偉大的内在》

如果你想要吸引愛，並且變快樂呢？但接著，你被
「**什麼人**」的細節困住，且認為某個特定的人是你完
美關係的答案。宇宙可以看到未來很遠的地方，而且
知道那個人是會實現你的夢想，或者成為你的夢魘。
當你沒有接收到那個特定的人的愛時，也許會認為吸
引力法則沒有用。然而，它正在運作。你**最大的渴望**
就是吸引到愛且變快樂，而宇宙正在說：「不是他或
她。請讓開，我正努力把完美的人送到你面前。」

小心不要被「什麼人」「什麼地方」「什麼時候」或
「如何做到」這些細節困住，因為你可能會擋住你真
正渴望的事物，讓它們無法被送來給你。

*你*對自己的人生負有責任，而當你為你過去所有的錯誤負責，並且不責怪自己時，證明你已經轉變了自己的意識，且明白了你生命的真理和吸引力法則。從這個新的意識，你將自動吸引到你值得擁有的人生。

大多數人只會在失去健康時才想到要追求健康,但你可以在任何時候設定意念要獲得健康。每天運用意念的力量,並想像自己健康安好的樣子。

設定意念讓自己得到健康,也為他人這麼做。

*你*透過意念的力量創造你的未來。意念是現在決定你的未來的一個有意識行動,依據你現在的意念,健康、和諧的關係、快樂、金錢、創造力及愛,未來會來到你面前。

每天都設定意念,創造你未來的人生。

*閱*讀《祕密》這本書或看《祕密》影片時，你的心智
只能吸收到和當時的你處於相同頻率的知識。下次再
看這本書或這部影片時，你吸收到的會多很多，而這
個過程永遠不會停止。你會持續在每一次的閱讀或觀
賞影片中發現更多事物，而其中的原則變得愈來愈清
晰，那是因為你的意識**每一次**都在擴大。

今天，要感恩。感謝你最喜愛的音樂，感謝讓你感覺美好的電影，感謝讓你與其他人連絡的電話，感謝你的電腦，感謝讓你的生活變明亮的電，感謝載你到世界各地的飛機，感謝維持交通秩序的道路和號誌燈，感謝那些幫我們造橋的人，感謝你所愛的人、你的孩子、你的寵物，感謝讓你讀到這些文字的眼睛，感謝你的想像力，感謝你能夠思考，感謝你能夠說話，感謝你能夠開懷大笑和微笑，感謝你能夠呼吸，感謝你活著！感謝你就是**你**！

感謝有三個字可以改變你的人生，並且一遍又一遍地說出這三個字。

謝謝你！謝謝你！謝謝你！

「沒有一種義務比回報善意更有必要。」

馬庫斯・圖利烏斯・西塞羅

（西元前106-43）

吸引力法則是確切的、精準的，從來不會失誤，所以當它看似沒有效時，我可以向你保證不是法則失效。錯誤只會出現在使用它的人身上。這真是好消息！想要學會走路，不是需要練習嗎？想要學會開車，難道不需要練習嗎？透過練習，你會走路；透過練習，你會開車。

你和一切事物中間，只有「練習」！

生命的遊戲就是關於創造出種種有效的方式讓你可以去「相信」，這樣你就能接收到。無論你要求的事物有多大，考慮一下**現在**就慶祝，彷彿你已經收到了。

沒有理由今天不撥出兩分鐘為你的明天設定意念。

要有創意，並採取與你所要的事物一致的強大行動。
如果想要吸引完美的伴侶，就要在衣櫥裡清出空間；
如果想要吸引一棟新房子，就要整理現在的房子，
這樣比較容易打包；如果想要旅行，就拿出你的行李
箱，並讓自己周遭都是想去的地方的圖片，而且要把
自己放進圖片中。

思考一下，如果有了自己渴望的事物，你會做什麼，
接著就採取有創意的行動，讓你清楚知道你此刻正在
接收。

*謝*謝你，謝謝你，謝謝你，謝謝你，謝謝你，謝謝
你，謝謝你。

為了馬上讓任何一天變得更好，請連續說七次「謝謝
你」，並且要感受到感激之情。

吸引力法則很精準，如果你沒有得到自己想要的結果，那只是因為你誤用了法則——不僅沒有帶來自己想要的事物，你反而正在創造「**沒有**帶來想要的事物」的狀態。但無論是哪一種，你都在創造。

吸引力法則不會出錯，而且一直在回應你。

「我們看見的一切，
是我們沒有看到的事物投射出來的影子。」

馬丁・路德・金恩博士（1929-1968）

《對一個人的衡量》

花一週七天的時間，有效運用吸引力法則來改變你整個人生。如果你想要，就先從一天開始，讓那一天成為習慣，幾週之後再增加另外一天。去做對你來說最有效的事，因為最重要的是你有去**做**。

美好想法星期一

每個星期一都是你打算只抱持美好想法的日子。為你自己、為其他人想著美好的念頭，拒絕把焦點放在任何無法產生美好想法的事情上。這一天開始時，用你所有的意志力去控制並決定：**「我今天已經想了幾千個美好的念頭。」**平均來說，人們一天會浮現超過五萬個想法，所以，你今天有五萬個機會去想著美好的念頭。

感恩星期二

每一個星期二都是你**感謝**、**感謝**、**感謝**的日子。感謝天氣、你的衣服、交通工具、偉大的發明、你的家、你的食物、你的床、你的家人、你的同事、服務你的人、你的健康、你的身體、你的眼睛、你的耳朵,以及你所有的感官。特別感謝過去那些美好的時光,以及未來的美好時光。最後,感謝在每一個感恩星期二,你都在創造一個不可思議的人生!

善意行動星期三

每個星期三都是用善意行動塡滿宇宙銀行帳戶的日子。給身邊的人鼓勵，給出善意，對那些你見到並與之交談的人說好話，給更多小費，不用任何理由就送禮物，爲別人開門，幫某人買咖啡或午餐，給予讚美，給每個人一個微笑，對一天當中服務你的人付出眞正的關心，全心對待那些和你關係親近的人，對其他駕駛人釋出善意，讓出你的座位，並站著好讓其他人坐。找機會做好事，那麼吸引力法則會讓你的善意行動星期三充滿美好的事物。

當你在善意行動星期三付出所有時，宇宙會回應，讓這一天成爲目前爲止你一週當中最棒的一天。

謝謝你星期四

每個星期四都是你要盡量透過各種方式去說、去感覺「謝謝你」的日子。列一張清單，寫下所有你想要感謝的人和事件，今天就感謝那些為你做了某件事的人。走路時，每踏出一步就在心裡說「謝謝你」；開車時，每次停下來就說「謝謝你」。一天的各種時候，都在心裡想著、感受著「謝謝你」連續七次。尋找每個向別人說「謝謝你」的機會，而且說的時候要像是對你意義非常重大，以致對方直盯著你看。以感謝度過每個星期四，讓「謝謝你」成為你這一天主要的想法、感覺及話語。

「謝謝你」——就三個字，卻是一股不可思議的潛在力量，而它們需要的，就是**你**透過將它們表達出來，把力量加入其中。謝謝你！

好感覺星期五

每個星期五是你善用並放大你內在所有美好感覺的日子。

度過這一天時，請把所有注意力放在你的感覺上，持續讓自己充滿愈多愈多美好的感受。為了使美好的感受滿到溢出來，請讓你的一整天充滿令你感覺美好的事物——聽你最喜愛的歌，買你最喜歡吃的午餐，拜訪你最要好的朋友。去做那些你喜愛、且讓你洋溢著美好感覺、臉上一直掛著笑容的事。你的美好感覺會滿到溢出來，讓你優游自在地度過這一整天。

放鬆星期六

每個星期六是你感覺像小鳥一樣自由、像你小時候一樣自由的日子。去玩樂！玩得開心點！這是找出你的無上喜悅，把它活出來的一天。

做一些讓你感覺美好的事，做一些讓你笑的事，做一些讓你喜悅到跳起來的事。一整天跳舞、唱歌、蹦蹦跳跳、沿路吹口哨。今天就歡慶你的人生！當你玩樂、開懷大笑、微笑，玩得很開心時，你就放鬆了；而當你放鬆時，你就釋放了負面性。覺得愈輕快，你釋放掉的負面性愈多。星期六就是你放鬆的日子！

記住，人生是一場永不停歇的遊戲，而你會一直玩這個遊戲。

一切美好星期日

每個星期日都花點時間回顧過去一週,並記起**所有美好的事物**。然後,往前看接下來那一週,並看見**所有美好的事物**。

現在,你可以休息了,因為你的創造很完美,而且你對一切都很美好這件事感到滿足。

*你*就在你完美旅程中一個完美的位置。你就在你注定在的地方,因爲是你選擇的。事實上,現在的你再完美不過了。

關於朗達‧拜恩

透過《祕密》這部全球共有數百萬人看過的影片，朗達展開了
一趟探索之旅。後來她又寫下《祕密》這本在全球翻譯成五十
種語言、銷售超過兩千五百萬冊的暢銷書。

《祕密》待在《紐約時報》暢銷書排行榜上的時間已經超過兩
百週，且仍在持續。此外，它還被《今日美國報》提名為過去
十五年來前二十名的暢銷書之一。

而透過二〇一〇年的《The Power力量》、二〇一二年的《The
Magic魔法》，以及二〇一三年的《Hero：活出你內在的英
雄》，朗達延續了她突破性的研究。這三本同樣是《紐約時
報》的暢銷書。

http://www.booklife.com.tw   reader@mail.eurasian.com.tw

方智好讀 067

祕密天天練

作　者／朗達‧拜恩（Rhonda Byrne）
譯　者／王莉莉
發 行 人／簡志忠
出 版 者／方智出版社股份有限公司
地　址／台北市南京東路四段50號6樓之1
電　話／（02）2579-6600‧2579-8800‧2570-3939
傳　真／（02）2579-0338‧2577-3220‧2570-3636
郵撥帳號／13633081　方智出版社股份有限公司
總 經 銷／叩應股份有限公司
法律顧問／圓神出版事業機構法律顧問　蕭雄淋律師
印　　刷／國碩印前科技股份有限公司
2015 年 2 月　初版
2024 年 5 月　50 刷

定價 340 元　　　　　ISBN 978-986-175-382-9　　　　版權所有‧翻印必究
◎本書如有缺頁、破損、裝訂錯誤，請寄回本公司調換　　　Printed in Taiwan

國家圖書館出版品預行編目資料

祕密天天練／朗達·拜恩（Rhonda Byrne）著；王莉莉譯.
-- 初版. -- 臺北市：方智，2015.02
384面；12.8×15.7公分. --（方智好讀系列；67）
譯自：The Secret Daily Teachings
ISBN 978-986-175-382-9（精裝）

1.成功法　2.自我實現

177.2　　　　　　　　　　　　　　　　　103026198